重慶の
新疆ウイグル族自治区
青海省
チベット自治区
四川省
ネパール
ブータン
インド
バングラデシュ
雲南省
ミャンマー
ラオス
タイ

キーワード30で読む

中国の現代史

朝日新聞元北京・台北特派員
田村宏嗣
Tamura Hirotsugu

高文研

はじめに

今から六〇年前の一九四九年10月1日、毛沢東《もうたくとう》は北京の天安門楼上で中華人民共和国の成立を宣言した。現代中国〝波乱の六〇年〟の幕開けである。

その前半は、階級闘争と社会主義計画経済を特徴とする「毛沢東の時代」であり、後半は市場経済の豊かな強国をめざす「鄧小平《とうしようへい》の時代」といえるだろう。

日中戦争とそれに続く国共内戦で大きな痛手を負った国は、今や経済規模で日本を上回る勢いの大国に変貌を遂げた。しかし、その歩みは曲折に満ちたものだった。朝鮮戦争など周辺地域での軍事衝突、文化大革命の内乱、四川《しせん》大地震などの天変地異、そして高度成長と環境破壊……。

六〇年の間には、失われるべきでなかった多くの命が奪われた。そして、そこにはあまりにも多くの現代史のドラマが生まれた。

その中国の現代史を、三〇のキーワードで読み解こうというのが、本書の狙いである。お隣の大国であることから、日本との関係にもそれなりの比重を置いた。

私が中国を初めて訪れたのは、一九七七年夏、大学四年の時だった。以来、北京大学への留学や新聞記者の仕事を通じて、中国とのお付き合いが続いた。その中間報告も兼ねてまとめたのが本書である。

筆者の留学以来の学友で、北京大学歴史学系主任を務める牛大勇《ぎゅうだいゆう》教授は、中国の対外関係を分析して、「十年一変、逢九一乱《ほうきゅう》」という不思議なサイクルを見いだしている。「十年で一変し、九の年に波乱がある」というのだ。

一九四九年の人民中国の誕生によって、中国はソ連との関係を深め、その後の朝鮮戦争で米国との敵対関係が決定的となった。

一九五九年、中ソ両共産党の対立は国家関係にまで及び、中国は「反帝国主義、反修正主義」の反米反ソの大旗を掲げて、六六年には文化大革命に突入する。

一九六九年、中ソ対立は臨戦状態になり、両軍はついに国境で衝突する。ソ連はチェコスロバキアにも出兵する。ソ連の脅威に直面した米中両国は、七二年のニクソン訪中によって関係を改善する。毛沢東は二〇年かけて、対外関係を「連ソ反米」から「連米反ソ」に百八十度転換した。

一九七九年、米中が国交を樹立する。直後に南方の国境では中越戦争が起きる。その後、鄧小平は中ソ関係の改善に取り組み、戦略の重点を革命闘争から経済建設に移した。

一九八九年、天安門事件によって中国の対外関係は大きな衝撃を受ける。国際社会との対立が危ぶまれたが、鄧小平は衝突を避ける方針の下、改革・開放に専念した。

はじめに

一九九九年、NATO軍機による在ユーゴスラビア中国大使館爆撃によって米中関係は緊張。二年後には米中の軍用機の接触事故が起きた。中国の対外関係はたびたび紛糾したが、正規の外交ルートによって平和的に解決した。

そして、二〇〇九年。建国六〇年である。新たな波乱や変化はあるのだろうか。

わが学友は、この先何が起きようとも、世界の人々はすでに十分な知恵を得てきたので、より冷静に、より理知的に対処していけるだろうと見ている。

さまざまな混乱、波乱、そして戦乱にも、柔軟な変化で対応できるのが、人々の知恵の蓄積の結果なのだろう。私もその見方に賛同したいが、一方で愚かなことを積み重ねてきたのも、人類の歴史である。

歴史から知恵を学ぶために、まずお隣の中国の現代史をおさらいしてみよう。

本書では、三〇のキーワードから現代中国の歴史をたどった後で、項目によっては筆者の限られた経験の中で巡り合ったエピソードを「取材ノートから」に収めた。さらに、テーマに関連した中国語を「ニュースの単語帳」として取り上げて、用語の解説を付した。なお、中国人の人名には原則として日本語読みのルビを付けた。

田村宏嗣

もくじ

装丁 商業デザインセンター・松田 礼一

1 抗日戦争（1937〜45）

中国の辞書『現代漢語詞典』（商務印書館）で、「抗日戦争」（カンリーチァンチョン）を引くと、「中国人民が日本帝国主義の侵略に抵抗、反撃した民族解放戦争。一九三七年7月7日に日寇《こう》（注・寇は強盗、侵略者の意味）が我が国の北平《ペイピン》（現在の北京）の南西の盧溝橋に駐屯する軍隊を攻撃したのに始まり、一九四五年8月15日の日本の無条件降伏によって終わった」とある。

日本では、この日中戦争について、三一年9月18日の柳条湖事件（満州事変）を起点とする「一五年戦争」という見方と、三七年7月の盧溝橋事件を起点とする見方がある（そのさいは日中全面戦争と呼んだりする）。中国では、一般に「八年抗戦」という言い方が定着している。事件の呼び方は、その日付をとって、柳条湖事件なら「九一八事変」、盧溝橋事件なら「七七事変」と呼ばれる。

日本の中国に対する侵略は三七年7月からは中国全土に対するものになり、四一年12月の真珠湾攻撃による米英などへの開戦で、アジア太平洋戦争に拡大していった。そして、四五年8月のポツダム宣言受諾による無条件降伏で終わる。

中国の歴史教科書では、抗日戦争で民間と軍を合わせて三五〇〇万人余りが死傷し、直接の経済的損害は一〇〇〇億ドルに達したとしている。一方、日本軍は最大で一〇〇万人の兵力を展開し、軍の死者は四五万人にのぼったと見られている。

満州事変以降の流れをたどってみよう。

三二年3月、満州国の建国宣言。続いて日本は、満州国の南側の華北から蒋介石《しょうかいせき》が率いる国民政府の影響を除くため「華北分離」工作を行う。

三三年3月、日本軍の武力行使を容認できないとするリットン調査団の報告（三二年10月）に反発した日本が国際連盟脱退。

三三年5月、塘沽《タンクー》停戦協定（実際には、満州国の分離を中国側に認めさせる）。

三五年8月、八・一宣言（共産党の抗日宣言）。「内戦の停止」と「一致抗日」を呼びかけた。

三六年2月、二・二六事件。

三六年12月、西安事件。東北軍の張学良《ちょうがくりょう》が蒋介石を拘束。国民党と共産党が内戦をやめて、一致して抗日することでまとまった。

三七年7月、盧溝橋事件。現地では停戦協定が成立したものの、第一次近衛内閣は五個師団の増派を決め、中国側は徹底抗戦に入った。日本は中国との全面戦争に突入したが、日本は宣戦布告をせずに、当初は「北支事変」、次いで「支那事変」と呼んだ。戦争状態に入ると、米国など中立国からの軍需物資の輸入ができなくなることを避けたためである。

三七年8月、上海で日中両軍が衝突、以後、激戦が続く。日本軍機、南京を爆撃。

三七年9月、国民党と共産党が協力する「国共合作《こっきょう》」が成立。

三七年12月、日本軍、首都・南京を占領、南京大虐殺事件。国民政府は首都を南京から武漢、さらに奥地の重慶に移して抗戦。共産党の八路軍、新四軍はゲリラ戦で応じた。

四〇年3月、国民党の指導者、汪精衛《おうえいせい》を抱き込み、南京に親日傀儡《かいらい》政権を樹立。

四〇年8〜10月、八路軍による百団大戦（八路軍が一〇〇個連隊以上を大動員した）。日本軍に死傷者二万人の損害を与えた。

四〇年9月、日本、日独伊三国軍事同盟に調印。

四一年12月、日本、対米英蘭開戦。国民政府が日本に宣戦布告。

四三年11月、カイロ宣言。米英中の首脳会談。満州や台湾などの中華民国への返還を明記。蔣介石・中華民国政府主席が参加。

四五年2月、ヤルタ会談。米英ソによる対日戦に関する秘密協定で、モンゴルの独立とソ連の満州における特殊権益を認める。

日中戦争から第二次世界大戦にかけての八年間にわたり、連合国の一員でもあった中国による抵抗は、一〇〇万の日本軍を中国大陸にくぎ付けにして、連合国の勝利に貢献した。

しかし、中国の勝利は多くの犠牲と膨大な経済的損害を伴ったもので、国土は荒廃し、「惨勝」=悲惨な勝利とも呼ばれた。抗日戦争に勝利した国民政府だが、国土の再建はなかなか進まず、政府の腐敗とインフレなど社会の混乱が進んだ。共産党との対立も抜き差しならなくなり、国共内戦に突入。四九年10月には共産党側が勝利し、中華人民共和国が成立する。

ここでは、中国と台湾の中学校の歴史教科書における抗日戦争の記述を見比べてみよう。

まず、中国の中学二年生が使う『中国歴史』八年級・上冊（人民教育出版社）。「中華民族の抗日戦争」という単元で、一八ページを使って、九一八事変、盧溝橋事変、南京大虐殺、台児《たいじ》荘《そう》大戦（注・三八年の日本軍の徐州作戦の際、国民政府軍が台児荘で行った反撃作戦）、百団大戦などのテーマを取り上げている。

南京事件については、南京の青年に軍刀を振り上げる日本軍兵士や「百人斬り」競争を伝える日本の新聞の写真などを載せている。――「日本の侵略者は至る所で家を焼き、人を殺し、女性

「百団大戦」の概略図

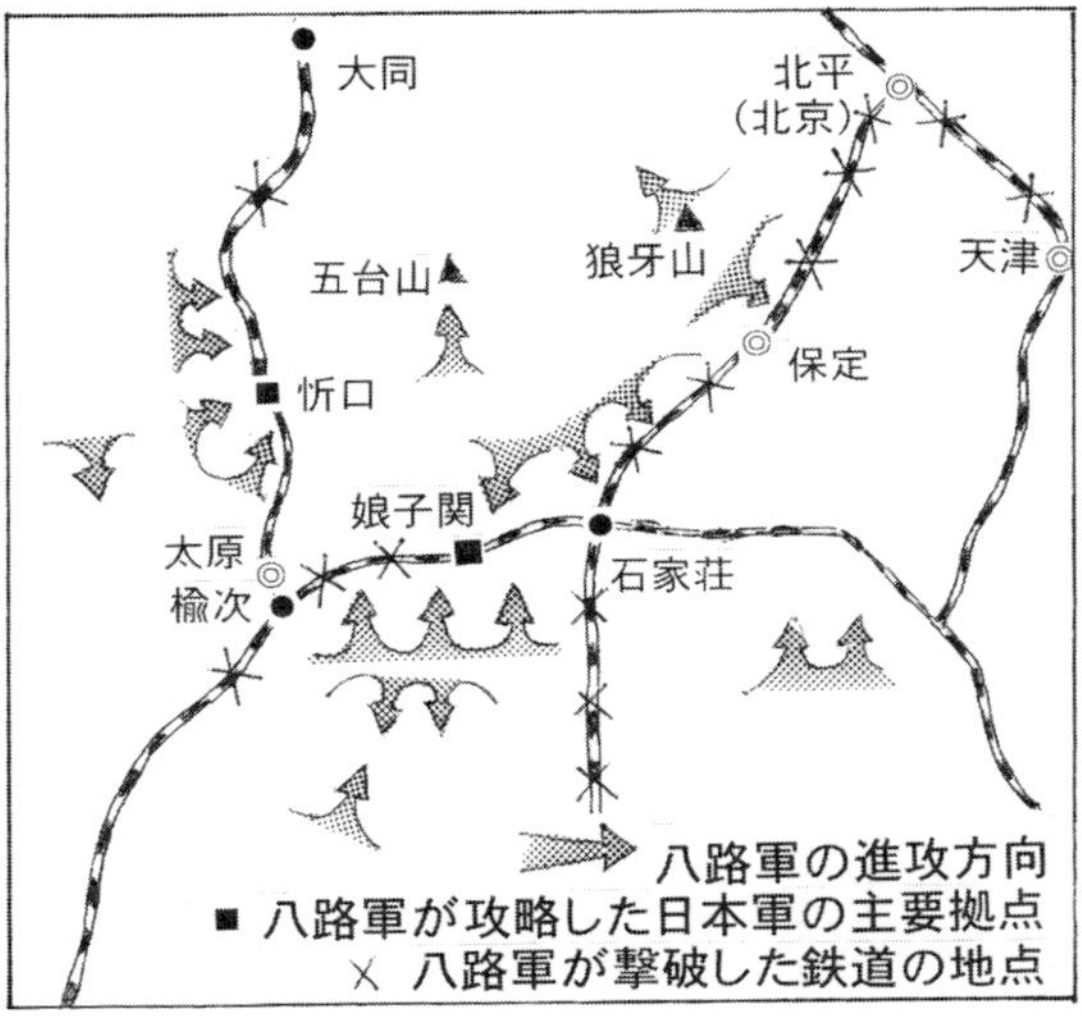

戦争の記録（記憶）でどこに重点を置くかは、当然のことながら国によって異なる。日本では、日中戦争に関しては一般に南京攻略戦や徐州作戦、武漢攻略戦などが知られるが、中国では1940年8月から10月にかけて八路軍（共産党軍）が行った「百団大戦」が有名で、中学の教科書でもページが割かれている。百団とは百個連隊のことで、それまで華北を戦場に個別のゲリラ戦で戦っていた八路軍が、40万の総力を挙げて一斉攻撃をかけ、小拠点の守備隊を全滅させ、鉄道爆破や電信線切断などで日本軍に損害を与えた。この「百団大戦」によって日本軍は八路軍への認識を改め、民衆との分断をはかるため「三光作戦」を展開することになる。
図は中国の中学校教科書『中国歴史』８年級・上冊に掲載の図より作成。

に暴行を加え、金品を盗み、悪の限りを尽くした。日本軍は南京占領後に南京の人民に対して血なまぐさい大虐殺を行い、とてつもない罪を犯した。南京の穏やかな住民は、ある者は射撃の練習の的にされ、ある者は刺殺の練習の相手にされ、生き埋めにされる者もいた。戦後の極東国際軍事法廷の統計では、日本軍が南京を占領した六週間のうちに、全く武器を持っていない住民と武器を捨てた兵士の合わせて三〇万人以上を虐殺した」（訳は田村）

戦争の終結については、広島、長崎への原爆投下やソ連の対日宣戦布告などに触れた後で、「中国人民と世界の反ファシズム勢力の大きな打撃の下で、

8月15日に日本の天皇は無条件降伏を宣言せざるを得なかった。八年にわたる抗日戦争で、中国人民はついに偉大な勝利を得た。台湾も祖国の懐《ふところ》に戻った」と結んでいる。第二次世界大戦という大きな枠組みの中での抗日戦争の位置づけを明確にし、台湾への言及も忘れていない。

次に、台湾の中学二年生が使う『国民中学　社会4』（南一書局）。「中日戦争と中共政権の発展」の単元で、中日戦争を二ページで紹介。九一八事変と西安事変については、その前の単元の「新文化運動から十年建設へ」で、二ページをあてている。

南京事件については、やはり「百人斬り」競争の新聞写真を載せている。「日本軍は三カ月で上海を攻め落とし、南京に入って、三〇万人の無辜《むこ》の民衆を惨殺した。南京大虐殺の惨事である」

戦争の終結については、「同（一九四五）年8月、米国は日本に二個の原子爆弾を相次いで投下し、日本に無条件降伏をせざるを得ないようにさせて、中国の八年にわたった苦難の抗戦も終わった」と結んでいる。米国の対日参戦以降を「中国が連合軍と肩を並べて戦った時期」としているが、ファシズムへの勝利や人民の勝利といった観点は見られない。

2 国共内戦（1945〜49）

一

一九四五年8月、日本の無条件降伏によって、中国は抗日戦争に勝利した。蔣介石が率いる中華民国政府は日本軍の武装解除を進め、日清戦争（一八九四〜九五年）によって割譲させられた台湾を取り戻した。

しかし、勝利の後の平和は束《つか》の間で、間もなく国民政府と共産党軍の内戦が始まった。これが「国共内戦」である。

四五年8月から10月にかけて、国民政府の臨時首都・重慶で、戦後の体制をめぐる国民政府と共産党との間の交渉、重慶会談が行われた。蔣介石が毛沢東に呼びかけたもので、共産党からは毛沢東、周恩来《しゅうおんらい》らが重慶に飛んだ。

四三日間の交渉を経て、双方は10月10日に会談紀要を締結した。締結の日付から「双十協定」と呼ばれる。協定では、内戦を避けて、平和、民主、団結、統一の基礎のうえに、独立した自由で富強な新中国を建設することで合意した。ただし、国民政府は共産党が抗日戦争を通じて作り上げた解放区の政権と軍隊の合法的な地位は認めなかった。このため、内戦の火種はそのまま残った。

翌　四六年6月、国民政府軍は双十協定を破り、華中の解放区に攻め込み、全面的な内戦が始まった。中国の中学校教科書（『中国歴史』八年級・上冊＝人民教育出版社）によると、当時の国共双方の勢力比は、軍隊＝四三〇万人（国）、一三〇万人（共）、▽装備＝接収した一〇〇万人分の日本軍の装備と大量の米国製の武器（国）、基本的には小銃（共）、▽人口＝三億余（国）、一億余（共）、▽支配地域＝大都市と大部分の鉄道と道路網（国）、小都市と農村、辺地（共）――とされている。

米国の軍事援助により、装備、支配地域ともに優勢な国民政府軍は当初、共産党軍を圧倒した。四七年3月には、共産党中央の一〇年間にわたる根拠地、陝西《せんせい》省北部にある延安《えんあん》に攻め込み、毛沢東ら指導部は延安を撤退した。しかし、同年夏には共産党軍が山東省で攻勢に転じるなど、戦局に変化が出始めた。

四八年9月から四九年1月にかけて、①遼瀋《りょうしん》戦役（地図参照、以下同）、②淮海《わいかい》戦役、③平津《へいしん》戦役の三つの大きな戦役「三大戦役」を経て、共産党軍は長江《ちょうこう》（揚子江《ようすこう》）より北の地域を押さえた。これによって、内戦の大勢が決した。

国共内戦での「三大戦役」の概略図

（中国の中学校 教科書『中国歴史』8年級・上冊の図より作成）

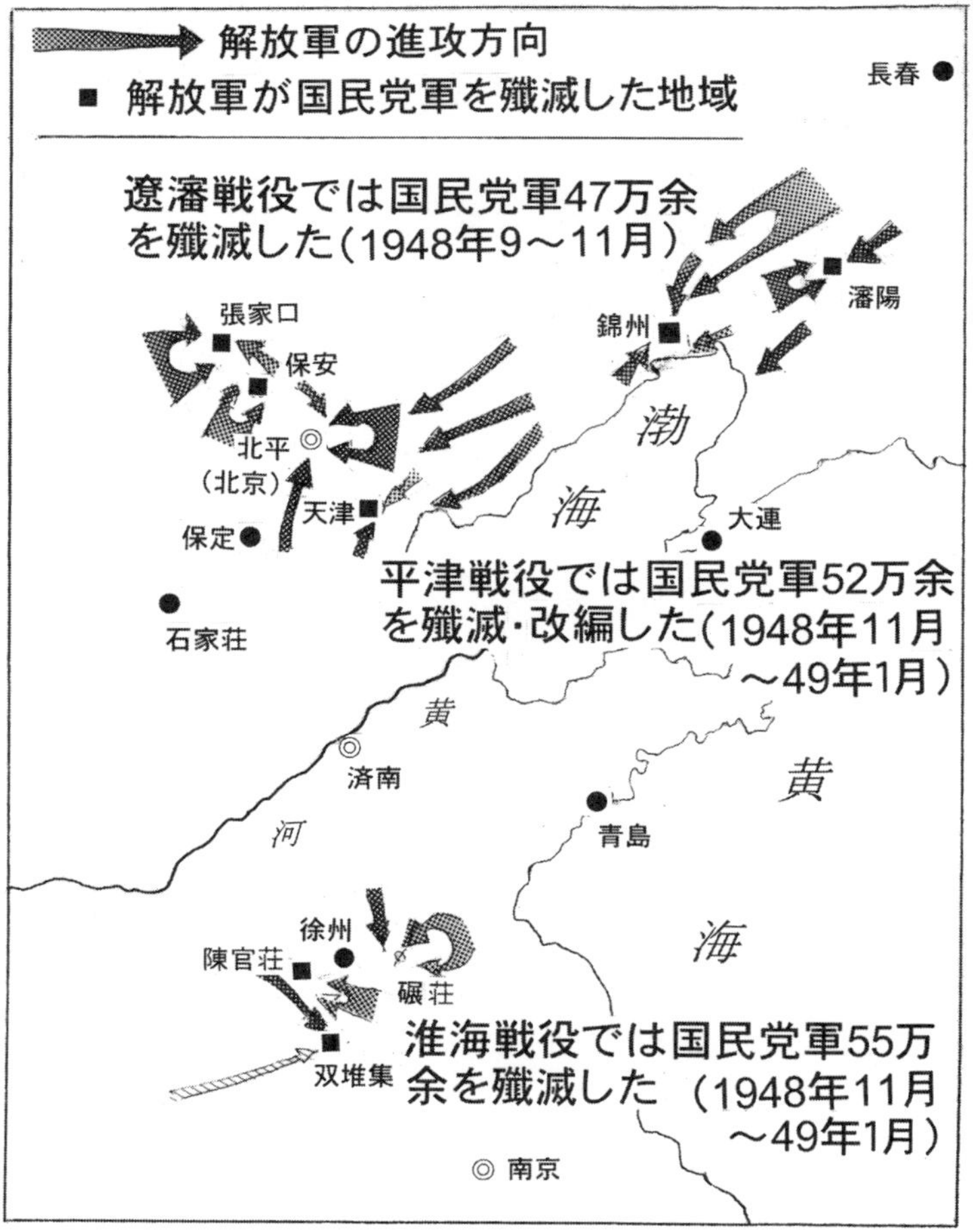

四 九年4月、毛沢東と人民解放軍総司令の朱徳《しゅとく》は全軍に進軍命令を下した。長江を渡った共産党軍は南京を押さえた。内戦の開始から三年ほどで共産党軍は強力な国民政府軍を打ち破った。同年10月、毛沢東は北京で「中華人民共和国」の建国を宣言した。一方、内戦に敗れた蔣介石は五〇万の軍とともに台湾に逃れ、台湾と一部の島嶼《とうしょ》によって「中華民国」政府を存続させた。

ここから、大陸中国とそれに対峙する台湾という両者の分断状態が始まった。それは「一つの中国（一個中国）」「二つの中国（両個中国）」「一つの中国と一つの台湾（一中一台）」といった、二〇世紀後半の中国と台湾の正統政権争いと国際社会の中国承認問題をもたらすことになる。

ところで、米国の支援も受け、経済力や軍の装備などで優勢だった国民政府はなぜ敗れたのだろうか。

敗れた側の台湾の中学校教科書（『国民中学・社会4』南一書局）の記述を見てみよう。

「国民政府の役人の腐敗はひどく、さらに抗日戦争末期からのひどいインフレを解決できずに民心を大きく失い、人々の厭戦気分の高まりを招いた。これに対し、共産党は土地の等分をスローガンにして下層の民衆を引きつけて、対日戦争の間に勢力を拡大し、戦後はソ連の大量の援助を得て、国民党と相争う勢いになっていた」（訳、田村）

国共内戦の前にすでに大勢は決していたかのような記述だ。国民政府軍は「一連の戦闘で敗れた」とはしているが、共産党軍が勝った三大戦役などについては触れていない。敗戦の歴史は細かく書きたくないのが敗れた方の考え方なのだろうか。

これに対して中国の教科書は国共内戦を「人民解放戦争の勝利」と位置づけ、三大戦役など個別の戦闘について、戦役の軍事指導者や双方の兵力などを地図も付けて詳しく紹介している。

取材ノートから

映画「戦場のレクイエム」

中国の戦争映画といえば、善玉の共産党軍に対し悪玉の日本軍や国民党軍と、善悪がはっきり分かれた勧善懲悪がお定まり。悪玉は道化のように滑稽なほどに矮小化されて描かれるものが多かった。

しかし、国共内戦を主なテーマに〇七年に製作（日本では〇九年に公開）された馮小剛《ひょうしょうこう》監督の「戦場のレクイエム」（原題＝「集結號」〈撤退ラッパ〉）は違った。第二次世界大戦のノルマンディー上陸作戦を描いた米映画「プライベート・ライアン」や朝鮮戦争を描いた韓国映画「ブラザーフッド」も顔負けの戦闘場面にまず驚かされる。そこに登場する国民党軍は道化役ではなく、戦車を先頭に圧倒的な装備で迫る強敵だった。

舞台は四八年の国共内戦の激戦、淮海《わいかい》戦役だ。実話に基づいた筋立ては共産党軍の英雄を描くのではなく、国民党軍を引きつけるために犠牲にされた連隊と、失踪者扱いにされた部下たちの名誉回復に取りつかれた、生き残りの連隊長の苦悩を描く。

国共内戦の後に朝鮮戦争にも加わった連隊長だった男が一人で戦うのは、部下を死に至らせた軍の理不尽な命令や共産党と軍の組織の論理だった。最終的には当時の作戦の内容が判明し、部下たちの遺体が発見されて、失踪者扱いの連隊全員の名誉は回復し、誤りを認めた共産党と軍の包容力も示される。

中国の戦争映画としては最高の約一七億円の製作費を投じ、〇八年の正月映画として公開されるや興行収入約三七億円をあげて、歴代2位の好成績を収めたという。〇八年秋には中国の国内最優秀映画を選ぶ、金鶏百花映画祭で最優秀作品賞や最優秀監督賞など主要四部門で受賞している。

国共内戦から六〇年近くを経て、よりリアルでエンターテインメントとしての戦争映画を求めるようになった中国の観客の好みの変化も大きいようだ。

3 人民中国（1949）

一九四九年10月1日午後、北京の天安門広場を三〇万人の大群衆が埋める中、中華人民共和国の建国式典が開かれた。中央人民政府の毛沢東《もうたくとう》主席は天安門の楼上で「中華人民共和国中央人民政府は本日成立した」と、高らかに宣言した。新たに国旗として定められた五星紅旗がはためき、国歌の義勇軍行進曲が鳴り響いた。

「人民中国」の誕生である。10月1日は「国慶節《こっけいせつ》」と呼ばれることになる。

毛沢東のほかに、天安門の楼上に並んだのは、六人の中央人民政府副主席だった。朱徳《しゅとく》（人民解放軍総司令）、劉少奇《りゅうしょうき》（共産党副主席）、宋慶齢《そうけいれい》（孫文の夫人）、李済琛《りさいしん》（国民党革命委員会主席）、張瀾《ちょうらん》（民主同盟主席）、高崗《こうこう》（東北人民政府主席）。

このうち、国民党革命委員会と民主同盟は、国民党に反発して結成された民主諸党派に属する。つまり、人民中国はその建国の段階では共産党の単独政権ではなく、他の政党も加わった連立政権だったのである。

毛沢東は、戦争中の四〇年1月には「新民主主義論」を打ち出し、すべての反帝国主義・反封建主義の人々による連合独裁による新民主主義の共和国の建設を訴えた。さらに、四五年4月の共産党第七回党大会の政治報告では「連合政府論」を唱え、侵略者の日本を倒して新中国を建設するためには、国民党の一党独裁をやめさせ、各党派を交えた民主連合政府を樹立しなければならないと主張した。そのうえで、四九年7月には「人民民主主義独裁を論ず」を発表した。

こうした理論が、人民中国の憲法にあたる人民政治協商会議共同綱領に反映され、中華人民共和国の性格は、労働者階級が指導し、労農同盟を基礎とし、民主的諸階級と各民族を結集した人民民主主義独裁を実行し、帝国主義と封建主義、官僚資本主義に反対するもの、と規定された。

国民党に批判的な政治勢力や商工業者が、この主張に共鳴して共産党の周りに集まったことが、共産党が国共内戦に勝利する大きな要因となった。毛沢東と一緒に並んだ人々は、「人民中国」の性格を表していたのである。

人民中国を生み出す人民政治協商会議が四九年9月に開かれ、共産党と民主諸党派、人民解放軍などの代表、約六〇〇人が参加した。会議は中央人民政府主席と副主席を選出した。建国の日になる10月1日には、首相にあたる政務院総理に周恩来《しゅうおんらい》が任命された。内閣にあたる政務院は、五四年には国務院と改称される。

1949年10月１日、天安門楼上で中華人民共和国の樹立を宣言する毛沢東
（写真は新華社＝中国通信）

米ソが対立する冷戦の中で生まれた人民中国は、同じ社会主義の大国、ソ連との関係を強めて国づくりをするほかなかった。毛沢東は建国から間もない四九年12月にモスクワに向かい、翌五〇年3月に北京に戻った。

この間、両国は五〇年2月に中ソ友好同盟相互援助条約に調印した。この軍事同盟条約で仮想敵国とされたのは、国共内戦を通じて国民政府を軍事援助した米国であり、その米国の占領支配下にあった日本である。さらに、この条約には経済協力もうたわれており、五〇年から五年間で三億ドルにのぼるソ連からの借款供与が決まった。中国は、ソ連と手を結ぶことによって、安全保障と経済協力を取り付けたのである。

再び、国内に目を転じると、中央人民政府は五〇年6月に土地改革法を制定した。この法律では「地主階級の封建的搾取による土地所有制を廃止して、農民の土地所有制を実行する」「農村の生産力を解放することで、農業生産を発展させて、新中国の工業化の道を開く」とした。

五二年末までに全国的な土地改革運動は終わった。地主に対する大衆闘争は、共産党が政権を固める上で重要な政治闘争になった。三億人余りの農民に、地主から没収した土地と農具、家畜などが分配された。ただ、広大な農地といっても、それを分け与える農民の数があまりにも多すぎた。一人当たりの農地は、北部で〇・二～〇・二五ヘクタール、南部で〇・一三～〇・二ヘクタールとされる。そのため、生産の拡大をめざして零細な農民をまとめる農業の集団化を急ぐことになる。

中国の中学二年生の歴史教科書（『中国歴史』八年級・下冊＝人民教育出版社）では、人民中国の成立について「中華人民共和国の成立と確立」の単元で扱い、建国式典、チベットの平和解放、抗美（＝米）援朝（朝鮮戦争）、土地改革などの出来事を取り上げている。

「中華人民共和国の成立は中国の歴史の新たな紀元を開いた。そこから、中国は百年余りにわたる侵略と隷属の屈辱の歴史（注・アヘン戦争は一八四〇～四二年）を終えて、真に独立・自主の国家になった。中国人民はここに立ち上がり、国家の主人になったのである」

ただ、この教科書には、建国当時の中国の向ソ一辺倒政策や中ソ友好同盟相互援助条約についての言及はなく、蜜月と離反の歴史を反映してか、ソ連の存在は影が薄い。

取材ノートから

義勇軍行進曲

作詞は詩人の田漢《でんかん》、作曲は音楽家の聶耳《ニエアル》。抗日映画「風雲児女」（一九三五年）の主題歌で、抗日戦争中に広く歌われた。

立て！　奴隷になりたくない人々よ！
我らの血肉で、我らの新たな長城を築こう！
中華民族は最も危険な時に至った。誰もが最後の雄叫びをあげるしかない！
立て！　立て！　立て！
我ら万人《ばんにん》心は一つ、敵の砲火をついて進め。敵の砲火をついて進め！
進め！　進め！　進め！

作曲した聶耳（一九一二〜三五）は、南部の雲南省出身。三〇年に上海に出て店員になり、バイオリンを学ぶ。三三年に共産党に入る。革命歌や抗日運動の曲を作った。三五年、音楽研究のため欧州へ向かう途中に日本に立ち寄るが、神奈川県藤沢市の鵠沼《くげぬま》海岸で遊泳中に水死した。藤沢市には聶耳の記念碑がある。

中国の国歌は、抗日戦争とつながる歌詞と合わせて作曲者が日本で客死しており、日本とも縁の深いものなのである。

4 人海戦術（1950〜53）

建国間もない人民中国は、早くも大きな試練に直面することになる。一九五〇年6月25日、朝鮮戦争が勃発するのである。

日本の植民地だった朝鮮半島は、第二次世界大戦の結果、分断された。四八年には南に大韓民国（韓国）、北に朝鮮民主主義人民共和国（北朝鮮）が成立し、米国とソ連を後ろ盾に互いに正統性を争っていた。

6月25日、朝鮮人民軍（北朝鮮軍）が北緯38度線を越えて南に侵攻、三日後にはソウルを占領した。

7月、国連安全保障理事会は、ソ連が欠席する中、国連軍派遣決議を採択し、米国を主体に英仏など一六カ国が部隊を送った。7月7日には日本占領軍の最高司令官であったマッカーサー元帥が国連軍最高司令官に就任した。

ソ連が安保理を欠席したのは、その前年に成立した中華人民共和国が、台湾の蔣介石政権（中華民国）に代わって国連安保理の議席を占めるべきだと主張し、米国がそれを受け入れないため、それに抗議して欠席していたのである。

北

朝鮮軍は半島南端の釜山《プサン》近くまで攻め込んだが、日本から出動した米軍は9月15日に西海岸の仁川《インチョン》に上陸し、北朝鮮軍の背後を突いて、ソウルを奪還した。国連軍は10月には38度線を越えて平壌《ピョンヤン》を占領し、中朝国境の鴨緑江《おうりょくこう》にまで迫った。

中国は朝鮮戦争の勃発直後に東北地方に部隊を集めて戦局の変化に備え、米国に警告を発していた。そして10月に国連軍が国境近くに迫ると、中国の安全保障への脅威ととらえて参戦を決める。

ただ、中国は米国との全面戦争を避けるため、正規軍ではなく人民が自発的に参戦した義勇軍であるとして「中国人民志願軍」と自称した。志願軍総司令は彭徳懐《ほうとくかい》、後の元帥である。中国軍は10月25日に鴨緑江を渡った。

中国軍は「人海戦術」で国連軍を押しまくった。中国軍の兵器は小火器が多かったが、兵力の数で圧倒し、夜間の奇襲や待ち伏せ、接近戦で対抗した。中国軍と北朝鮮軍は翌五一年1月にソウルを再度占領したが、二カ月後には国連軍と韓国軍が再び奪い返した。国連軍は火力と機動力、航空戦力で優位に立っていたが、その後、戦線は38度線を挟んで一進一退を続けた。

このため、五一年7月には休戦交渉が始まった。だが、38度線の境界線の具体的な位置や捕虜の送還の方法をめぐって交渉は難航し、10月にはいったん中断した。

五三年3月、ソ連のスターリンが死去すると交渉が復活し、7月27日には板門店で休戦協定が結ばれた。協定には国連軍、北朝鮮軍、中国軍の三者が署名したが、韓国の李承晩《イスンマン》大統領は署名を拒否した。協定では、38度線を基準に新たな軍事境界線が引かれ、境界線から南北各2キロが非武装地帯（DMZ）とされた。

この結果、南北朝鮮は開戦前とほぼ同じ状態で対峙することになり、それ以後は半世紀を越えて「休戦」状態（潜在的戦争状態）が続いている。

ところで、朝鮮戦争は中国では「抗美援朝戦争」とも呼ばれる。「美」は「美国《メイクオ》」、つまり米国のことで、米国の侵略に抵抗し、朝鮮を支援した戦争というとらえ方である。

中国軍は延べ三〇〇万〜五〇〇万人が参戦し、五三年には最大で一三〇万人が展開。死傷者は六〇万〜九〇万人とされる。中国軍は五八年10月までに撤退した。国連軍の死傷者と捕虜は一〇九万人、このうち米軍は三九万人とされる。さらに、韓国では軍と民間合わせて一五〇万人の死傷者が出た。

多くの犠牲を払ったものの、中国ではこの抗米援朝戦争は「中朝人民は反侵略戦争の勝利を勝ち取り、中国人民志願軍は凱旋帰国した」(『中国歴史』八年級・下冊)と位置づけられている。中国軍は強大な米軍に引けを取らなかったとして、「勝利」したわけである。ソ連を中心とする東側陣営での中国の存在も大きくなった。

ただ、この勝利の結果、米国は中国への封じ込め政策を強め、中国と他の西側諸国との経済関係も疎遠になる。米国は共産圏へ高度な技術が流れることを防ぐために、すでに四九年にココム(対共産圏輸出統制委員会、COCOM)を作っていた。朝鮮戦争のために、五二年には中国と北朝鮮を対象にココムの中にチンコム(CHINCOM)を設立、中国への戦略物資の輸出を止めた。

取材ノートから

ある戦闘英雄

建国五〇年の新聞企画の取材で、一九九九年夏に北京を訪れた私は、朝鮮戦争での中国空軍の「戦闘英雄」に「会う」ことができた。

趙宝桐《ちょうほうとう》さん。一九二八年生まれで、当時七一歳。

航空戦力では圧倒的に劣勢な中、趙さんはソ連製のミグ15を操って米軍のF86に立ち向かった。

撃墜七機、損傷二機の戦果は個人の最高記録だった。

　毛沢東は、朝鮮戦争が終わって間もない五三年9月の中央人民政府委員会での演説で、「たとえて言えば、『毛沢東は梅蘭芳《メイランファン》先生よりも芝居をやるのがうまく、志願軍よりも地下壕を掘るのがうまく、空軍英雄の趙宝桐よりも飛行機を操縦するのがうまい』といったたぐいだ、これは恥知らずもはなはだしいではないか」と語っている（「梁漱溟《りようそうめい》の反動思想を批判する」（『毛沢東選集』第五巻、北京・外文出版社。傍点は引用者）。

　共産党の農業政策に異論を唱えた思想家を批判するたとえに、空軍英雄の趙さんを京劇の名女形《おやま》、梅蘭芳と並べて使うほどで、「凱旋将軍」の趙さんは超がつく有名人だった。

　人民解放軍の空軍は建国直後の四九年11月にできたばかり。そして、一年後には朝鮮戦争。趙さんはわずか五〇時間の飛行訓練で、戦場に向かった。

「だれだって怖いさ。でも怖がった方が負けだね。こちらがやらなければ、相手に落とされるだけだ。それだけ国を守る気持ちが強かったんだろう」

　当時のことを尋ねると、こう答えてくれた。

　戦場から戻った趙さんは、英雄を取材した共産党機関紙・人民日報の女性記者と結婚した。だが、空軍パイロットと女性記者という、当時としては余りに身分違いな結婚が後に波乱を招いた。

　まず、五五年の文芸評論家、胡風《こふう》批判の政治運動。妻の友人の友人が「胡風反革命集団」にかかわっていたとして、妻も審査を受け、半年ほど取材ができなかった。

そして、文化大革命。文革の混乱を見過ごせなかった妻は、三本の「内部報告」記事を書く。「農村では政治的混乱で作付けさえできない」「労働模範も批判され、街でさらし者にされて、それを外国人が写真に撮っている」「空軍では毛沢東主席語録が飛行機の操縦手引きになり、軍需材料で毛沢東バッジを作っている」

妻は「裏切り者の特務だ」として、六八年5月に連行された。「政治問題はない」として釈放されたのは、それから五年後の七三年夏だった。

この間、趙さんは空軍から「特務との関係を清算しろ」と迫られた。彼はやむなく獄中の妻と離婚し、別の女性と結婚し、子供もできた。「清算」の証明でもあった。

しかし、釈放された元妻と趙さんは戦った。趙さんの「再婚」は違法だと裁判に訴えたのだ。江青ら四人組が失脚し、文革が終わった七六年末に判決が出て、二人は八年ぶりに元の夫婦に戻った。

なるほど、朝鮮戦争の英雄をも翻弄するのが、中国の政治だ。

趙さんは、私との別れ際に思い詰めたように口を開いた。

「退役したとはいえ、私は今も軍のやっかいになっている。取材には上の許可が必要だ。だから、今日は私には取材しなかったことにしてほしい」

私は素直にうなずいた。という訳で、私は本人に「取材」しないまま、彼のことを新聞記事にした。

「中国人民志願軍一級戦闘英雄」の趙宝桐さんは、二〇〇三年12月に北京で亡くなった。結婚から五〇年。七五歳だった。合掌。

5

金門・馬祖（1954〜55、58）

台湾政権の版図《はんと》というと、サツマイモのような形の台湾本島と台湾海峡に浮かぶ澎湖《ほうこ》諸島から成っていると思われがちだが、中国・福建省の目と鼻の先の島々もその領土になっている。

南部のアモイ（廈門）の対岸にあるのが金門《きんもん》島。北部の福州の対岸にあるのが馬祖《ばそ》島である。金門諸島は最大の金門島を中心に一二の島からなり、面積は一四八平方キロ。対岸のアモイとの距離は近いところで二・一キロ、肉眼で見ることができる。馬祖諸島は北竿《ほくかん》、南竿《なんかん》、東引《とういん》などの島々からなり、面積は二九平方キロ。対岸の福州との距離は三〇キロほどである。

国共内戦に敗れて台湾に逃れた蔣介石の率いる国民党政権（中華民国）は、金門、馬祖の二つの諸島を手放さなかった。四九年10月、人民解放軍は島の攻略に乗り出したが、失敗した。五四〜五五年と五八年の二度にわたる台湾海峡危機で、島は激しい攻撃を受けたが、国府軍は中国軍を撃退した。

金門、馬祖は文字通り、対立する中国と台湾の最前線だった。しかし、時代は変わる。中国は一九七八年末から改革・開放政策に転じ、台湾も蔣介石、蔣経国《しょうけいこく》父子の独裁体制から民主化の道に転じた。戒厳令が敷かれていた最前線の島は、経済交流の玄関口に姿を変えていった。

四

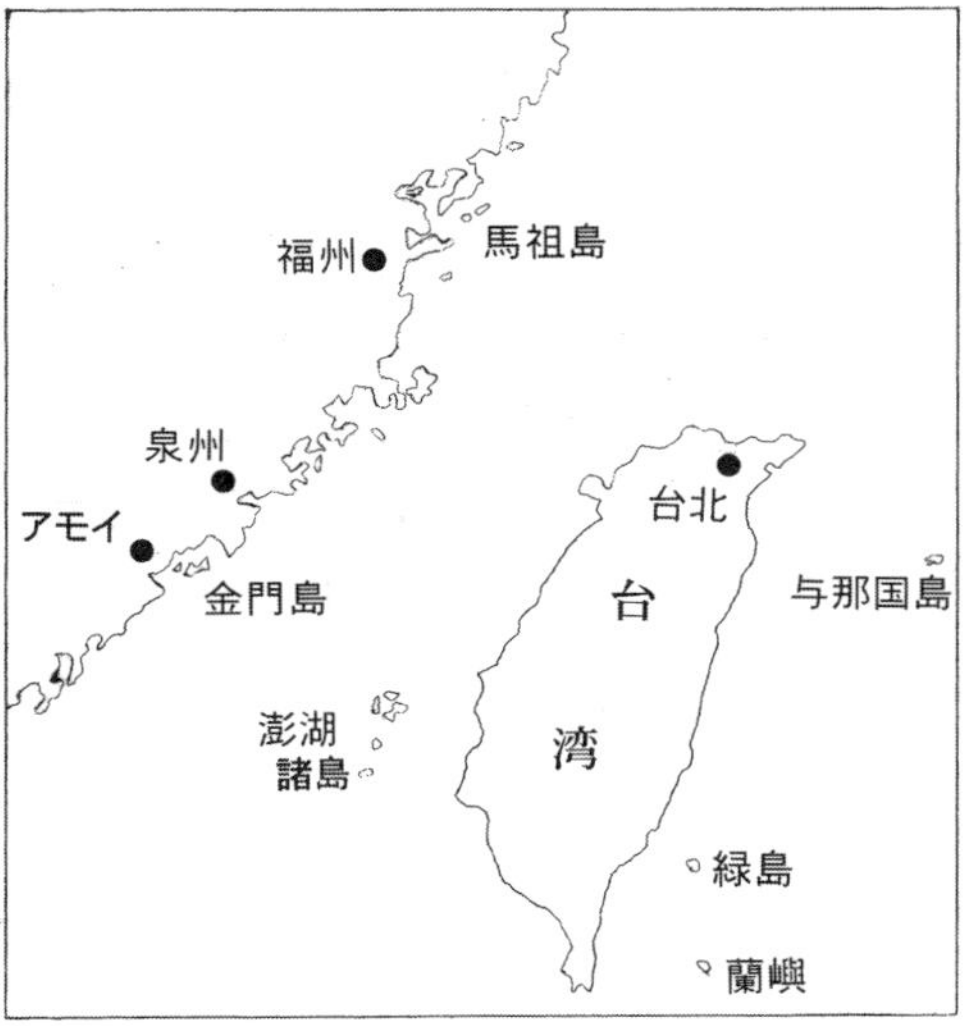

九年10月1日、人民中国が建国宣言を発したときも、国共内戦はまだ終わっていなかった。同年10月25日、金門島の西北、古寧頭《こねいとう》での激戦に敗れた人民解放軍が降伏した。人民解放軍一万七千人が上陸作戦に加わったが、死者八千人、捕虜七千人を出したとされ、国府軍が大勝した。

その二ヵ月後、12月10日、五〇万の軍とともに台湾に逃れた蔣介石は「大陸反攻」を唱えて、翌五〇年3月には総統の職に戻っていた。ただ、国際社会では「そのまま共産中国にのみ込まれてしまうだろう」という観測が多かった。その蔣介石を救ったのが、同年6月に起きた朝鮮戦争だった。

トルーマン米大統領は、直ちに「台湾海峡中立化声明」を出して、米海軍第七艦隊を台湾海峡に派遣した。声明では、共産党軍の台湾に対する攻撃を阻止するとともに、蔣介石の大陸反攻も押しとどめた。

さらに、同年10月に中国軍が朝鮮戦争に参戦すると、米国の台湾支援はさらに明確になり、軍事援助と経済援助が強化された。これによって、台湾は生き延びることになる。

さらに、朝鮮戦争によって、朝鮮半島と台湾海峡を挟んで、米国、日本、韓国、台湾とソ連、中国、北朝鮮が対峙する東アジアの冷戦体制が固まることになる。


東西冷戦と中台対立の最前線の島々をめぐる第一次台湾海峡危機は五四年から五五年にかけて起きた。五四年9月、中国軍は金門島を砲撃し、台湾の空軍などが反撃した。さらに、中国軍は浙江《せっこう》省の一江山《いっこうざん》島、大陳《だいちん》島を攻撃、台湾は五五年2月にこれらの島を放棄して撤退した。

金門島での衝突を受けた米国は、台湾を支援しつつも、その衝突が全面的な紛争になることは好まず、台湾の大陸反攻に歯止めをかける意味からも、五四年12月には米華相互防衛条約を結んだ。蔣介石は米国が認めない限り、大陸反攻はできなくなった。中国も米国の軍事力の重みに直面することになり、中台双方に自制を促したのである。

第二次台湾海峡危機は五八年夏の金門島への砲撃である。中国軍が福建省の沿岸部に集結した。中国空軍は、まず馬祖島を攻撃すると見せかけ、国府軍を引きつけた。その後、8月23日に金門島への大量の砲撃を始めた（八・二三砲撃戦）。10月5日までの砲撃で、四七万発の砲弾が浴びせられたとされる。金門島の死者八〇人、負傷者二二〇人。

米軍は第七艦隊を派遣して金門島への補給を支援して、国府軍は持ちこたえた。その後、中国軍は10月25日から「奇数日には砲撃、偶数日には休止」と宣言。以後は双方が一日おきに砲撃し合うという、芝居じみた形だけの戦闘が続いた。この砲撃は、米国と中国が国交を正常化した七九年1月に終わった。

この間、五八年10月にはダレス米国務長官が台北を訪れ、蔣介石は「大陸の回復は武力行使によらない」という趣旨の共同声明を出すことになった。米国は台湾への軍事・経済援助はするものの、蔣介石の大陸反攻への手足を縛った。

一方、ソ連も、毛沢東による「台湾解放」は米国を巻き込んだ全面戦争を招きかねないとして、懸念を示していた。中国は、五八年からは大躍進とその失敗による自然災害、さらに六六年からは文化大革命が始まり、国内の混乱で手いっぱいになり、台湾海峡はしばらく静かになる。

この間、台湾は開発独裁による経済発展を遂げ、一定の民主化も進んだ。台湾本島の戒厳令は八七年に解除される。その後、「戦地」とされていた金門、馬祖の戒厳令も九二年11月には解除された。一方、中国は改革・開放政策に転じ、政治改革は後回しにして経済発展に力を注いだ。

第三次の台湾海峡危機は、九五年から九六年にかけて起きた。台湾の李登輝《りとうき》総統（国民党）は九五年6月に訪米する。中国は、李総統の中華民国の存在を国際的に認めさせようとする行動や総統の直接選挙など台湾の独立につながる動きに反発した。7月には東シナ海の公海上でミサイル発射演習を行った。さらに、翌九六年春にかけて断続的に陸海空三軍の合同演習などを行った。

李総統が出馬した九六年3月の台湾初の総統直接選挙の前には、台湾本島の近海に複数のミサイルを撃ち込む演習も行い、台湾海峡の緊張が高まった。こうした中、米国は空母二隻を含む艦隊を派遣し、中国を牽制した。

3月23日の総統選では李登輝が当選し、中国軍は演習を終えた。

その後、台湾では二〇〇〇年の総統選で政権交代が起こり、台湾独立志向の民主進歩党の陳水扁《ちんすいへん》総統が就任する。陳政権は中国からは台湾独立派と見なされ、政治対話は進まなかった。

ただ、金門島と馬祖島は中台をつなぐパイプとして新しい役割を担うことになる。経済交流が強まる中で、中国と台湾は「三通《つう》」（直接の通信、通商、通航）を必要としていたが、その部分的開放策として、金門、馬祖と対岸の福建省をつなぐ「小三通」が、二〇〇一年1月から始まった。

そして、〇八年3月22日の総統選で、国民党の馬英九《ばえいきゅう》が当選する。金門島への砲撃戦から五〇年、8月には金門島で記念式典が行われた。五〇年前に島に駐留した米軍事顧問団のメンバーが馬総統と握手する光景が見られた。

「将来の金門とアモイは和解の門、平和の門、協力の門になる」

馬総統は金門島での演説でこう訴えた。金門島とアモイを橋で結ぶ構想が検討される時代になった。

取材ノートから

白昼の「密輸」

「小三通」を年明けに控えた二〇〇〇年12月に、金門島を訪れたことがある。

すでに、島の商店には大陸の安い商品があふれていた。ただ、「安いのはいいが、農薬や防腐剤が心配」という声も聞こえてきた。商品ばかりか、人の行き来も活発で、三千台湾ドル（約一万円）も出せば、大陸への密航もできるという話も聞いた。

海岸を歩いていたら、白昼堂々の「密輸」現場に出くわした。春節《しゅんせつ》（旧正月）用の商品を載せた、大陸からの三人乗りの小舟が満ち潮に合わせて近づき、島の人たちが手招きする。転売すると小遣いになるので、老女たちもポリ袋片手に集まってきた。しかし、警官が来たために取引は不成立。小舟は岸から数十メートルのところで様子をうかがっていたが、あきらめて沖合に向かった。「密輪」というにはあまりにも明るい光景だった。

6 百花斉放・百家争鳴（1956〜58）

建国後の中国は、共産党の指導を前面に掲げながらも、政治と経済の面では民主諸党派や資本家たちの協力を得るため、「連合政府」や社会主義と資本主義との「混合経済」の側面も強調していた。

農村では、地主の土地を取り上げて農民に分配する土地改革が進められた。五〇年6月に土地改革法が制定され、五二年には土地改革が完了した。農民は農業生産合作社に参加して、社会主義の集団化の道を歩むことになる。五五年には全国的に集団化の動きが広がり、五六年には大半の農民が合作社に加わった。

同じ時期に、工業と商業に対する社会主義的改造も進められた。国家が資本家から資財を買い上げて利息を払う買い上げ制度などによって、企業や工場の共同経営を行う「公私合営」の形態が全国に広められた。

共産党は、五六年末までに農業と手工業、工業と商業に対する社会主義的改造を基本的に終えたと見なした。つまり、生産手段の私有制を社会主義の公有制に転換させて、混合経済体制から社会主義の初級段階に入ったというわけである。

五六年9月に開かれた中国共産党第八回党大会では、社会主義的改造の実現を踏まえて、新たな党の任務として遅れている生産力の発展をすえた。一方、ソ連では五六年2月のソ連共産党第二〇回大会で、フルシチョフ第一書記がスターリンを全面的に批判する秘密演説を行っていた。これに対し、中国共産党はスターリンへの個人崇拝などの誤りは認めつつ、なお功績への評価が上回るとして、全面的な否定にはくみしなかった。

こうした流れの中で、民主諸党派と知識人たちの経済建設への協力を促すためにも、毛沢東は五六年4月、「百《ひゃっ》花《か》斉《せい》放《ほう》・百家争鳴《そうめい》」という自由化の方針を打ち出した。芸術の分野でさまざまな内容の作品を自由に発表させ、学術の分野でも自由な論争を呼びかけた。百が二つ並んでいることから、「双百」という略称も使われた。

民主諸党派には、共産党との「相互監督、長期共存」の方針が示された。上からの自由化の呼びかけに対し、政治闘争に慣れた民主諸党派と知識人たちは懐疑的で、当初は目立った動きが見られなかった。毛沢東は五七年2月に「人民内部の矛盾を正しく処理する問題について」という講演を行い、社会主義の下での共産党・政府と人民との間の矛盾は、倒すか倒されるかという敵と味方との矛盾とは違うとして、民主諸党派と知識人からの人民内部の矛盾への批判を求めた。

そこで、ようやく共産党の官僚主義的な行動などへの批判が出てきた。中国民主同盟副主席で閣僚（交通大臣）でもあった章伯鈞《しょうはくきん》（一八九五～一九六九）は、お飾りでなく実権をもった民主諸党派による政治参加を求めて「政治設計院」を作ることを提案した。また、民主諸党派の機関紙的存在だった『光明日報』編集長で、やはり民主同盟副主席の儲安平《ちょあんへい》（一九〇九～六六）は、共産党の独裁を「党の天下」と断じて批判した。さらに、農業集団化の急ぎすぎにも批判が向かった。

しかし、民主諸党派の人々が「人民内部の矛盾」の範囲で許されると思った共産党への批判は、毛沢東の怒りを買ってしまった。その批判は、建設的な批判ではなく共産党への攻撃であり、彼らは共産党から権力を奪おうとする「ブルジョア右派分子」に区分けされてしまった。

百花斉放・百家争鳴の期間は短く、五七年6月には「反右派闘争」が始まった。共産党と社会主義への攻撃は許さないとして、「右派分子」が暴《あば》き出され、五八年までに全国で五五万人が「右派」にされた。彼らの多くが職を失い、労働改造を受けた。

反右派闘争によって、中国民主同盟や中国民主建国会などの民主諸党派は有名無実の存在になった。「右派分子」は、その後の文化大革命でも「闘争」の対象とされた。文革が終わった後の七八年から八〇年にかけて、「右派分子」の再審査が行われ、ほとんどの人の名誉が回復された。

取材ノートから

ある知識人の光と影

費孝通《ひこうつう》さん（一九一〇〜二〇〇五）は中国を代表する社会学者だが、反右派闘争で失脚した経験を持つ。

私は建国五〇年の企画の取材で、一九九九年夏に北京で彼にインタビューしたことがある。そのとき、八九歳だった費さんはブタの三枚肉が大好物で、「脂身を食べないと、論文が書けないよ」と、ふっくらしたおなかを揺すりながら笑っていたのを思い出す。

一九三六年に江蘇《こうそ》省で行った農村調査が、社会学者としての出発点。しかし、ソ連の影響を受けた社会主義・中国では、五二年に大学の社会学部門が廃止された。反右派闘争では「ブルジョアのニセ科学」と批判され、北京大学教授で中国民主同盟常務委員だった費さんも右派分子とされた。

その後の文化大革命でも批判にさらされ、費さんは中央民族学院に籍を置いて、少数民族の研究や翻訳を続けただけだった。

しかし、七〇年代末の改革・開放政策への転換で、費さんの社会学も再び日の目を見ることになった。農村の郷鎮《ごうちん》企業（郷や鎮など末端の行政組織や個人の農民が所有・経営する中小企業）を先導役にした費さんの発展モデルは、改革・開放政策にマッチして広まった。

費さんは「反右派闘争の原因は複雑で、私には分からない。私は共産党の外から、知識人の要求をまとめただけだった。でも、右派になったお陰で生活はすっかり変わってしまった」と、穏やかに語っていた。

「21世紀は『平和共存』と『大同の世界』が一つの方向になるだろう』と語った費孝通さん
（1999年８月７日、北京にて田村撮影）

ただ、そこには最初に「私には分からない」と予防線を張ることで、外国の記者からの反右派闘争についての質問を遮《さえぎ》る、老練な知識人の処世術があったようだ。

反右派闘争の標的になった「章羅《しょうら》

同盟」の一人、章伯鈞は費さんが属した中国民主同盟の副主席を務めていた（中国民主同盟副主席の羅隆基《らりゅうき》〈一八九六～一九六五〉と共に、反社会主義の同盟を作ったとされた）。当時を回想した著書『嵐を生きた中国知識人―「右派」章伯鈞をめぐる人びと』（横澤泰夫訳、集公舎・中国書店、二〇〇七年）を持つ、長女の章詒和《しょういわ》さんが〇八年3月に初めて来日した。

章詒和さんは父親のかつての「同志」費さんについて、「民主党派の中で政治的リーダーにふさわしい最後の人物だった」と高く評価した。ただ、その一方で、反右派闘争三〇周年を記念して開かれようとした歴史討論会が、費さんが八六年秋に当局に情報を提供して、民主同盟のメンバーには参加しないように呼びかけたために流会になったと指摘。「あれは裏切りです。本当に怒っています」とも言った。棺を覆ってもなお収まらない怒りに、中国の「政治生活」の厳しさを思い知らされた。

7 大躍進（1958～60）

文

文化大革命と並んで、毛沢東の急進的な大衆動員による誤りだったとされるのが、一九五八年から六〇年にかけて行われた大躍進運動である。

中型の百科事典『新華詞典』（商務印書館）では次のように解説されている。

《一九五八年に農村工作と経済工作の指導思想における「左翼」偏向の誤りによって、全国的に上から下まで工農業生産の高い速度を盲目的に追求した大衆運動。鉄鋼の生産量を五七年の二倍にすることを提起し、農村に広く人民公社を建設することを決め、全人民総動員の製鉄と人民公社化運動の高まりを作った。高い目標とでたらめな指揮、誇張の風潮と共産風を主な指標として、正常な経済建設の秩序を乱し、多くの人力と資源を浪費し、国民経済のバランスを大きく崩した。》

大躍進が始まる前、五七年11月に毛沢東は、ソ連10月革命四〇周年記念式典に参加するため、モスクワを訪れた。フルシチョフ第一書記が「ソ連は一五年以内に主要な生産物の生産量でアメ

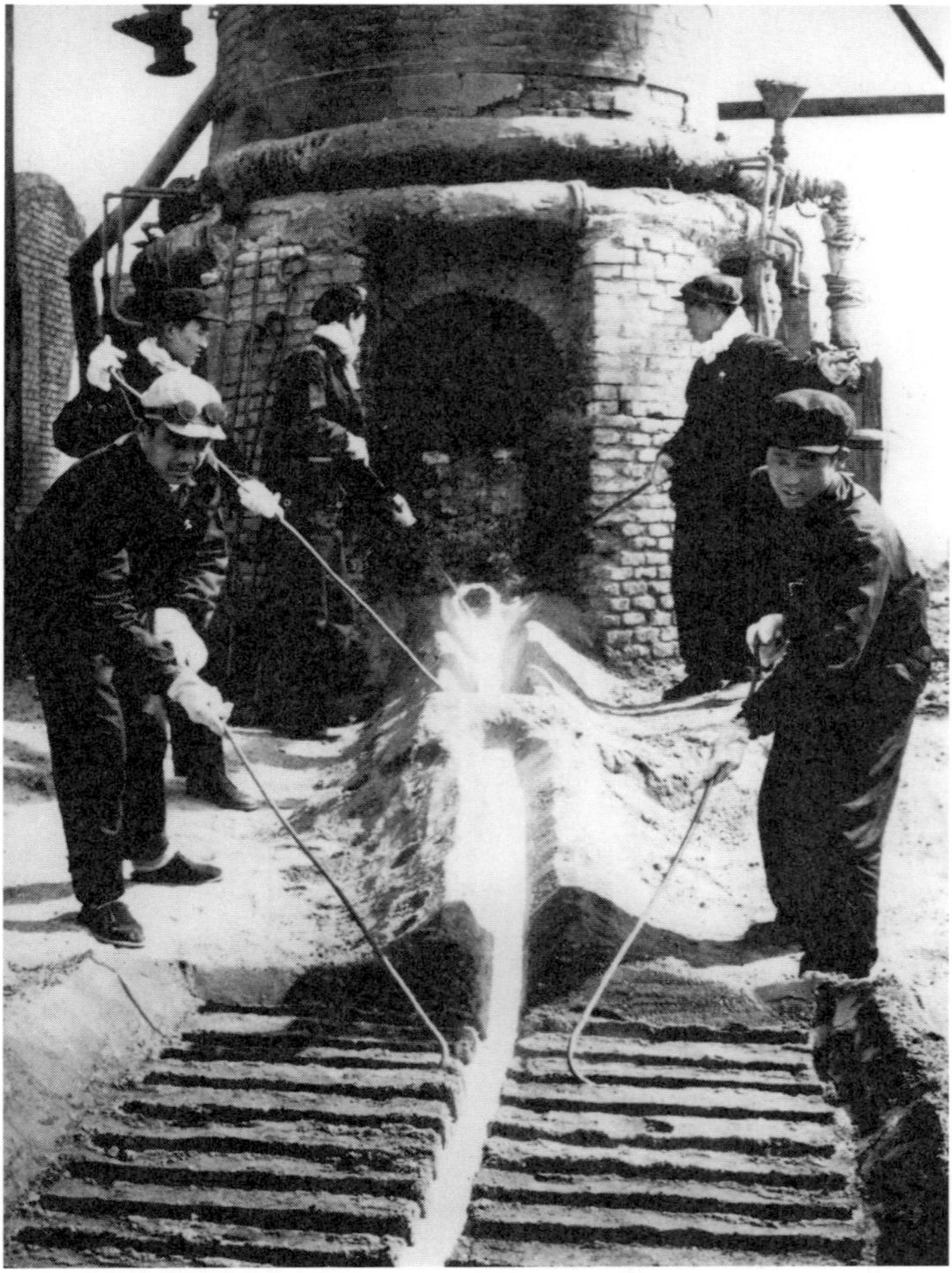

「大躍進」の号令の下、農村に建設された「土法高炉」。日本でも一部でその“奇跡”が伝えられたが、実際に作られた鉄は使い物にならなかった。
（写真は新華社＝中国通信）

リカに追いつき、追い越す」とぶち上げたのを受けて、毛沢東は「中国は一五年以内に鉄鋼などでイギリスに追いつき、追い越す」と宣言した。

ソ連とフルシチョフに主導権を奪われまいとする毛沢東の対抗心が、中ソの社会主義陣営が米英を上回るという高すぎる目標を掲げさせた。

中国共産党は翌五八年3月に開いた中央工作会議で、「多く、速く、立派に、無駄なく社会主義を建設する総路線」という大躍進運動の方針を決めた。

生産倍増が打ち出された鉄鋼では、全国各地に「土法高炉」が造られた。「土」は野暮ったい、田舎臭いといった意味で、「土法」は民間や伝統的な技術のことだ。小型の炉には農家にある鉄製品まで放り込まれ、炉の燃料用に山林が乱伐された。だが、こうしてできた鉄は品質が悪く、鍋や釜にも使えなかったという。

一方、五八年8月には、共産党の政治局拡大会議で人民公社設立に関する決議が採択され、農村では集団化の速度が速められた。「公社」はコミューンを意味する。人民公社は、農村の基盤の政権機構と社会主義の集団所有制が一体になった組織で、全人民所有制と共産主義へ橋渡しをするものとされた。工業、農業、商業、学校、軍隊のすべての分野にわたる機能を持つのが目標とされた。

それまで農民が自由に耕作できた「自留地」（自作用の農家の保有地）やブタなどの家畜、果樹なども人民公社の所有とされ、生産物は統一的に分配された。その代わりに、農民は金を払わずに、公共食堂で好きなだけ食べられるようになった。

しかし、農民の土地や自分の家畜への愛着は強かった。労働点数も廃止され、どれだけ熱心に働いても分配は同じとなると、生産意欲はがくんと落ちてしまった。だが、各地の幹部は中央からの増産目標の要求に応えなければならない。そこで、食糧などの生産を上乗せして報告する「誇張の風潮」が広まった。どこにでもある官僚のやり方である。

鉄の増産と人民公社化の大衆運動は、ここでも人海戦術をとった。しかし、鉄の生産量は増加したが、できあがった「鉄」は使い物にならず、食糧生産は落ち込み、公共食堂で腹いっぱいどころか、餓死者が出る始末になった。

こうした厳しい情勢の中で、共産党は五九年7月に江西省盧山《ろざん》で政治局拡大会議を開いた。毛沢東は大躍進のマイナス面もあったため、これに先立つ同年4月には国家主席を劉少奇《りゅうしょうき》に譲っていたが、会議では、大躍進は欠点はあるものの、偉大な成果を生んだと総括した。

だが、彭徳懐《ほうとくかい》国防相が政治優先の大躍進政策を批判した。プチブル的熱狂性が「左翼」偏向の誤りを犯したとして、政策の見直しを求めた。毛沢東はこれに反発し、彭徳懐らを「右翼日和見《ひよりみ》主義者の反党集団」と決めつけた。彭徳懐らは、引き続き開かれた8月の中央委員会総会で主要な職務を解任され、失脚した。このため、大躍進政策はなおも継続された。

朝鮮戦争の指揮を執った彭徳懐元帥も、政治闘争では毛沢東にかなわなかった。これ以後、毛沢東に表立って反対する動きは影を潜めるようになるが、毛沢東の急進政策は劉少奇らが進めた経済の秩序回復などで、実質的に否定されていくことになる。この政治と経済の分裂に対する毛沢東の不満が、後に文化大革命を引き起こすことになる。

大躍進と人民公社は、数千万の中国人の人命を奪った。五九年からの「三年連続の自然災害」が、それである。食糧生産の誇大な報告のために自家用の食糧までも供出したり、人民公社の土法高炉や水利施設建設のために動員されて農作業ができなくなったり、食べ放題の公共食堂で食糧を浪費したりして、肝心の農民が食べる物が足りなくなったのである。

中国当局は大躍進の誤りを認めずに、自然災害が重なったことと、中ソ対立のためにソ連が中国への援助を打ち切ったことを餓死者発生の主な原因としてきた。

ところが、実際にはそれほど大規模な自然災害は起こっておらず、ソ連の援助も農業生産とは直接の関連は少なかった。「政策の誤り」という後世の評価の通りであり、人災による餓死の大量発生だった。

国家にとっては不名誉な記録であり、当時の人口統計は不完全なために、餓死者の数には幅がある。
中国国営の新華社通信の記者を長年務め、父親が大躍進の時期に餓死している楊継縄《ようけいじょう》氏のルポルタージュ『墓碑―中国六十年代大飢荒紀実』（香港・天地図書、二〇〇八年）によると、五八年から六二年の間の「非正常な死亡者」（餓死者）が約三六〇〇万人、「生まれるはずだが生まれなかった人」（閉経、精子の減少などによる出生率の低下による）が約四〇〇〇万人。「人口の損失」は、合わせて約七六〇〇万人としている。五八年の総人口は約六億六〇〇〇万人だった。同書によると、現在の中国で「主流な意見」となっている数字は、「非正常な死亡者」約一七〇〇万人という。

上下二冊、計一一〇〇ページ近い大作である。この数字を前にすると、筆者が書名を『墓碑』としたのもうなずける。

8 中ソ論争（1960〜70年代）

第二次世界大戦後に成立した中国は、社会主義建設のために、第一次世界大戦時の社会主義革命によって成立した兄貴分のソ連の援助を求めた。一九五〇年には軍事的な援助も含む中ソ友好同盟相互援助条約が調印された。中国は「向ソ一辺倒」で、ソ連型社会主義をモデルに国づくりを進めた。

しかし、五六年のソ連共産党第二〇回大会で、フルシチョフ第一書記が行ったスターリンを批判した秘密報告によって、中ソ両共産党は国際共産主義運動をめぐって激しく対立するようになる。これが中ソ論争と呼ばれるもので、党の対立から国家間の対立にまでエスカレートして、国境紛争で死傷者が出るまでになった。

スターリン、フルシチョフ、毛沢東という強烈な個性が、ソ連と中国の国家と共産党の間の協力と離反を生んだ。スターリンは一九三〇年代以降は日本の膨張に対抗するため蔣介石の国民党を支援して、共産党による中国革命の実現には懐疑的だった。

一方、毛沢東は自力で革命を成し遂げた自負もあって、スターリンへの不信があった。ただ両者は、アメリカという共通の敵を前にして、中国建国後しばらくは手を握っていた。

スターリンの死後にソ連のトップになったフルシチョフは、大量の粛清を行ったスターリンの独裁体制を批判することになる。五六年のソ連共産党大会では、異なった体制の間での平和共存や戦争回避論、社会主義への平和的移行なども提起された。

しかし、このころの毛沢東はすでにソ連とは違う独自の社会主義をめざしていた。農業の集団化から人民公社への道や工商業の急速な社会主義的改造から大躍進政策を見すえて自信を持ち、ソ連の平和共存論などには批判的だった。これに対し、ソ連は毛沢東流の社会主義建設をプチブル的冒険主義で、古くさいものと突き放していた。

六

〇年代に入り、中ソのイデオロギー論争が表面化し、激化した。中国側はソ連を「修正主義」とし、ソ連側は中国を「教条主義」と非難した。

中国共産党機関紙『人民日報』と機関誌『紅旗』は、六三年から六四年にかけて「フルシチョフのえせ共産主義とその歴史的教訓」など九回にわたり、ソ連共産党批判の共同論文（「九評」）を発表した。ソ連の平和的移行論に対し、中国側は共産主義への過渡期には階級闘争が存在すると反論した。これに対し、ソ連側は中国の路線を「大国的排外主義とブルジョア冒険主義の混合」

朝日新聞（夕刊）　昭和38年（1963年）7月21日　日曜日

朝日新聞 夕刊

両党会談 遂に閉幕

決裂状態のままで

中共代表ソ連を去る

強まる反感と対立

多数派工作、世界的規模へ

輝くコロナ

モラトリアム（地下）除くか

核停条約 仮調印は今週初め？

カナダ エスキモー

ゆうゆう堂々と

イスマタのユーモア

リーダーの誇り秘め

夏の夜の夢

東鳩ビスケット

朝日新聞1963年７月21日付け夕刊１面。中ソ会談は決裂、会談のためソ連を訪れていた鄧小平・中国共産党総書記ら代表団は20日、モスクワを去った。写真は、空港でのスースロフ・ソ連首席代表（左）と鄧小平。この記事のリードにはこう書かれている——「ソ連は中ソ会談の決裂を機会に中共の影響力を世界的に孤立させ、西側との平和共存の道を直進する構えを見せているが、共産圏内外に展開する中ソのせりあいは、これからの東西関係にも大きな影響を与えることになろう」。
またこの記事のすぐ下には、「モラトリアム（地下）除くか」として、部分的核実験禁止条約に関するモスクワでの米英ソ3国による会談で条約草案の合意に達したことが報じられている。
なお左上の「輝くコロナ」はこの日午前4時過ぎから観測された皆既日食。2009年7月の日本での皆既日食は、この日から46年ぶりの皆既日食だった。

（紙面は朝日新聞社提供）

などと非難した。

論争の中で大きな争点の一つになったのが、六三年8月、ソ連が米英と結んだ部分的核実験禁止条約の問題だった。部分的禁止とは、地下核実験だけを認めて、大気圏内や水中での核実験を禁止するというものである。まだ核兵器を持たぬ中国にとって、この条約は核兵器の保有を禁じられることであった。この条約をめぐる中ソ対立を反映して日本の原水爆禁止運動も分裂した。中国は翌六四年、原爆実験に成功する。

六六年から中国が文化大革命に入ると、論争はさらに激しさを増した。その中で、六八年、ソ連軍などのチェコスロバキア侵攻が起きた。同国の首都プラハで湧き起こった民主化の動き（プラハの春）に対し、ソ連は戦車を出動させて制圧したのである。この行動についてソ連は、社会主義の共同体の一部で脅威が生じた時には、他の国はそれを支援する義務があるという「制限主権論」で、チェコへの介入を正当化した。ソ連の脅威にさらされた中国は、ソ連を「社会帝国主義」と非難した。

さらに、六九年3月には、中ソ国境を流れるウスリー川の珍宝島（ソ連名、ダマンスキー島）で、双方の国境警備隊が衝突。先制攻撃を受けた中国側に多数の死傷者が出た。社会主義同士の国家間の対立は頂点に達した。

米国よりもソ連を脅威と見なした中国は、七〇年代に入り、米国への接近を試みた。七二年2月にはニクソン米大統領が訪中し、毛沢東が彼を迎えた。しかし、ソ連主敵論をとって、ソ連の「覇権主義に備えよ」と呼びかけた毛沢東も七六年には死去する。その後を受けた鄧小平は、イデオロギーよりも経済発展を主とする改革・開放政策に舵《かじ》を切った。

八〇年代に入ると、ブレジネフ時代のソ連側から関係正常化の呼びかけが始まる。さらに八五年に登場したゴルバチョフ書記長は「新思考」外交を掲げて、他の社会主義国への関与の縮小を打ち出した。

論争と対立の時代を経て、中ソともに経済発展と改革のために平和な国際環境を求める時代になっていた。

取材ノートから

中国外相との「単独会見」

フルシチョフのスターリン批判（一九五六年）の秘密報告から三二年。八八年12月1日昼過ぎにモスクワの空港に降り立ったのは、中国の銭其琛《せんきしん》外相だった。中ソの外相の本格的な会談も三二年ぶりだ。

中ソの和解に向けた実務協議のスタートになる会談だけに、注目を集めた中国外相の訪ソだった。とは言っても、当時の中国では同行取材などの習慣もないし、外相のフライトも明らかではない。北京で仕事をしていた私は、会談の日程からあたりをつけて、だめで元々で中国民航の北京—モスクワ直行便のファーストクラスを押さえた。

離陸間近になってどやどやと乗り込んできたのが、銭外相の一行だった。取材相手と車などで同乗する、いわゆる「箱乗り」に成功したわけだ。後は、銭外相が一言でも二言でも話してくれれば、「単独会見」になる。外国人記者の相手をする報道局長が私の顔を認めて、にやりとしたのを覚えている。

銭外相はちょうど私の後ろの席に一人で座った。名刺を差し出してあいさつすると、「飛行機の中では仕事をしないように。世間話もだめ。新聞記者はこわいから」と、ギョロリとした目を向けられた。それでも、中国外務省の初代の報道局長として記者のあしらいには慣れているので、目の奥は笑っているようだった。

機内食のサービスが終わり、くつろいでいるころを見計らって、銭外相の隣の席に滑り込んだ。中ソ外相会談と首脳会談の見通し、中ソ両共産党の関係修復、国境交渉やカンボジア問題など、一通りの質問をぶつけた。

「われわれは希望があるとみなした仕事をするのであって、希望のない仕事はしない」＝外相会談の見通し。「私は政府の人間、外務大臣として行くのであり、今回は党関係の話をする任務は帯びていない。現在は国家関係の話の段階で、まだ党関係の段階には至っていない」＝共産党の関係修復の見通し。

建前や原則論を繰り返したといえばそれまでだが、ともかくすべての質問に答えが返ってきた。私は丁寧にお礼をして自分の席に戻ると、メモ帳に外相の答えを書き写した。モスクワに着くまでには原稿用紙に向かって記事の下書きを終えて、ホッとしていた。まだ、ワープロが導入される前の時代だった。

12月2日付けの朝刊国際面には、「中ソ間の国境問題、なお交渉必要　銭外相と機内で単独会見」の見出しが載っていた。

9 核武装化（1964）

毛沢東はアメリカの原子爆弾を「ハリコの虎」（中国語では「紙老虎《チーラオフー》」）と呼んで、恐るるに足らずと大見得を切った。だが、中国はこの「虎」を手に入れることで、世界の核大国に伍していった。

中国は一九五〇年代には早くも核開発の方針を決めた。米ソ両大国とにらみ合う中で、六〇年代に入ると開発を本格化させた。陳毅《ちんき》副首相兼外相は、六三年10月に日本人記者団に対し「フルシチョフ首相は皮肉たっぷりに『無理して原爆をつくれば、ズボンさえはけなくなる』といった。わが国のことをいったのかどうかはっきりしないが、はくズボンがなくとも、われわれは原爆をつくるといってやりたい」と語っている（『朝日新聞』六三年10月29日）。この元帥の言葉は、貧しくても米ソに立ち向かう意気込みを象徴していた。

その一年後の六四年10月に、中国は初の原爆実験（ちょうど東京オリンピックが開催されていた）を行い、さらに三年後の六七年6月には水爆実験を行った。米ソ英仏に続いて、核クラブの五番目のメンバーになった。さらに七〇年4月には、人工衛星の打ち上げに成功している。

戦略核ミサイルを扱う部隊は「第二砲兵」と呼ばれる。六六年からは陸海空軍と並ぶ、四番目の組織として独立した。現在は一〇万人程度とされている。

大きな陸軍を抱える中国では、通常戦力の近代化も進めてきたが、それには多くの予算と時間がかかる。このため、同時に核兵器の開発に集中して、核弾頭とミサイルを持つことで国際的な政治的発言力を高めることができるという政治的計算が成り立つ。最小限の核抑止力を持つことで、国防全体としては安上がりになるというものだ。

中国は六四年の最初の原爆実験から、九六年7月の最後の地下核実験まで、計四五回の核実験を行った。中国は核実験の終了を宣言して、九六年9月に包括的核実験禁止条約（ＣＴＢＴ）に調印した。こうした動きは「駆け込み実験」として、日本も含め国際社会の非難を招いた。

中国はこれに先立ち、九二年8月には核不拡散条約（ＮＰＴ）にも加盟した。ＮＰＴは、米ソ英仏中の五カ国以外への核兵器の拡散を食い止めることを目的にしている。中国は核大国としての地位の確保をめざした。

中国は、最初の核実験以来、❶最初に核兵器を使うことはない、❷非核保有国には使わない、❸威嚇の手段には使わない、という三原則を掲げてきた。

現在保有する核弾頭の運搬手段としては、米国までを射程に収める大陸間弾道ミサイル（ＩＣＢＭ）、潜水艦発射弾道ミサイル（ＳＬＢＭ）などがある。

中国の地上発射ミサイルは「東風５」（ＤＦ５）などのように、「東風《トンフォン》」と呼ばれている。毛沢東が一九五七年に国際情勢を論じて、社会主義が帝国主義より優勢だとして「東風が西風を圧倒している」と述べたことに由来する。また、ＳＬＢＭには「巨浪１」（ＪＬ１）がある（大きな波を意味する「巨浪」の発音は、チュイラン）。

東風５は六〇年代後半に開発が始まり、七九年に最初の発射実験を行い、八〇年代初めに配備された。改良型の東風５Ａは射程一万三〇〇〇キロで、米本土をほとんどカバーする。ＩＣＢＭとしては、さらに射程八〇〇〇キロの東風31がある。また、ＳＬＢＭは八二年10月に発射実験に成功している。

この他に、台湾をにらんで対岸の福建省などに配備されている短距離弾道ミサイル（ＳＲＢＭ）に東風15（射程六〇〇キロ）、東風11（射程三〇〇キロ）がある。

九五〜九六年の台湾海峡危機では、李登輝《りとうき》総統の訪米への反発と総統選挙への威嚇のために、中国は台湾上陸作戦の演習や東風15の発射演習などを行った。

ところで、二〇〇九年の中国の国防予算は四八〇六億元（約六兆七〇〇〇億円）で、対前年実績比14・9％増で、二一年連続の二けた増だった。中国の国防費については、兵器調達や新兵器開発が国防予算外に計上されているとされ、その透明性には疑問が持たれている。

スウェーデンのストックホルム国際平和研究所（ＳＩＰＲＩ）がまとめた〇八年の世界の軍事費では、中国は八四九億ドル（約八兆三五〇〇億円）で、英国を抜いて前年の三位から初めて二位になった。中国政府の発表より25％ほど多いことになる。一位は米国の六〇七〇億ドル（約五九兆七三〇〇億円。ちなみに日本は四六三億ドルで七位）。

また、ＳＩＰＲＩ年鑑〇九年版によると、〇九年1月現在の各国の核弾頭配備数（推定を含む）は次の通りだ。

①ロシア　四八三四、②米国　二七〇二、③フランス　三〇〇、④中国　一八六、⑤英国　一六〇、⑥イスラエル　八〇、⑦インド　六〇～七〇、⑧パキスタン　六〇。

北朝鮮については、少数の核弾頭をつくるのに十分なプルトニウムを生産していると見なしているが、配備数については不明としている。さらに、イランでも核開発の動きがある。

「核なき世界」への道は遠い。

ニュースの単語帳

導弾《タオタン》＝弾道ミサイル

中国語では、長距離ミサイルは遠程《ユワンチョン》導弾、大陸間弾道ミサイルは洲際《チョウチー》導弾になる。ミサイルの弾頭が核兵器なら核《ホー》導弾＝核弾道ミサイル。中国軍の戦略ミサイル部隊は、第二砲兵《ティーアルパオピン》と呼ばれる。

一方、人工衛星は人造衛星《レンツァオウェイシン》。中国の有人宇宙船「神舟《シェンチョウ》7号」が、二〇〇八年9月に初の船外活動に成功した。

10 文化大革命（1966〜76）

毛沢東の名前とともに人々が思い浮かべるのが、文化大革命であろう。正式には「プロレタリア文化大革命」（中国語では「無産階級文化大革命」）、略して「文革」となる。

毛沢東が発動した政治運動で、一九六六年から七六年まで続いた。その犠牲者は数百万人とも一千万人ともいわれる。中国人の多くが、自らの体験を記しただけで一冊の本が書けるほどの過酷な運命をもたらした。

文革の前史としては、一九五〇年代後半に毛沢東が起こした大躍進運動とその失敗。六〇年代前半にそれをカバーした劉少奇《りゅうしょうき》と鄧小平《とうしょうへい》による経済調整政策がある。

毛沢東は経済建設の第一線からは退いたが、劉少奇らの穏健な経済政策には不満をつのらせていった。人民解放軍では、林彪《りんぴょう》が毛沢東思想運動を展開、毛沢東自身は社会主義教育運動を始め、政治的な巻き返しを狙っていた。

急

進的な毛沢東に対し、現実派の劉少奇。大躍進の失敗と自然災害に悩まされた国民には、劉少奇のやり方が受け入れられた。共産党内の組織原理を重んじる手法も、毛沢東の「鶴の一声」のやり方とは対照的だった。だが、それは後に毛沢東から官僚主義の代表と非難を浴びせられることになる。

文革の狼煙《のろし》として、六五年11月に姚文元《ようぶんげん》の論文「新編歴史劇『海瑞免官《かいずい》』を論ず」が、上海の新聞『文匯報《ぶんわいほう》』に発表される。論文は毛沢東の意向を受けて、歴史劇批判に名を借りて、大躍進運動に反対して失脚した彭徳懐《ほうとくかい》・前国防相の名誉を回復しようとしたと批判。さらに、海瑞（明《みん》代の清廉な役人）の政策は地主や富農の支配を認めるものだとも非難して、経済調整政策を進めた劉少奇らへの批判も盛り込んだ。

ここから、毛沢東と劉少奇や鄧小平らとの綱引きが表面化し始める。毛沢東は六六年5月に林彪に書簡を出し、「軍隊は大きな学校であるべきだ」として、政治、軍事、文化、生産を行うよう指示した。これは「五・七指示」と呼ばれ、工業と農業、都市と農村、頭脳労働と肉体労働の三大差別をなくし、共同体を建設するよう求めた。毛沢東は軍隊の支持を取り付け、合わせて文革のめざす理想を打ち出した。

さらに、5月16日の党政治局拡大会議で中央文革小組《しょうそ》（組長に陳伯達《ちんはくたつ》、副組長に毛沢東夫人の江青《こうせい》）が設置され、「五・一六通知」が出されて、「党内の実権派」との闘いを呼びかけた。

1966年８月、毛沢東、林彪の接見を受けるため全国各地から天安門前広場に集まった百万の紅衛兵。掲げられている文字は「無産階級（プロレタリア）文化大革命万歳！」
（写真は新華社＝中国通信）

このころから、毛沢東に忠誠を誓う突撃隊ともいうべき「紅衛兵《こうえいへい》」が組織され始める。名門の清華大学付属中学がつくったのが最初の紅衛兵とされる。中国の中学は、日本の中学校にあたる「初級中学」と、高校にあたる「高級中学」をひとまとめに指している。彼らは、毛沢東の発言から「造反有理《ぞうはんゆうり》」（造反＝謀反《むほん》には理がある）をスローガンに選び、教師や学校当局を批判して中国全土を飛び回った。「造反有理」は、その後の日本や世界の学生運動にも広まった。

８月には共産党第八期中央委員会第一一回総会（八期一一中全会）が開かれ、「プロレタリア文化大革命に関する決定」（文革一六条）が採択された。この決定は、資本主義の道を歩む実権派の打倒、プロレタリア新文化の創造、教育と文芸の改革などを訴えた。総会では、劉少奇の党内序列を二位から八位に引き下げ、代わりに林彪が二位に昇格した。

総会の後に、天安門広場で毛沢東による初めての紅衛兵の接見が行われ、広場は百万人の若者で埋まった。紅衛兵は実権派のつるし上げなどに暴力をふるい、多数の死傷者を出した。さらに、紅衛兵の派閥の対立も激しくなり、武闘にまでなった。

翌六七年2月には、上海で張春橋《ちようしゆんきよう》や王洪文《おうこうぶん》らが造反派労働者を指揮して市政府の権力を奪い、上海人民公社（上海コミューン）を組織した。だが、毛沢東はコミューンという呼び方に反対し、上海市革命委員会と改めさせた。その後、全国で造反派と人民解放軍、幹部の三者による革命委員会がつくられていき、軍の発言力が増した。

こうした中で、紅衛兵や造反派の抗争とともに党内の権力闘争も激化した。六八年10月の党八期中央委員会第一二回総会（八期一二中全会）で、劉少奇は「裏切り者・スパイ・労働者の敵」として、除名・解任された。劉少奇は監禁されたまま、翌六九年11月に病死した。

劉少奇が毛沢東の恨みを買ったとすれば、劉の夫人の王光美《おうこうび》は毛の夫人の江青の恨みを買って、夫とともに批判大会に引っぱり出され、投獄されることになる。大学出の学歴、延安時代以来の党歴、国家主席夫人としての活動など、どれもが江青のねたみの対象になったようだ。それでも生き抜き、文革終了後の七八年に一一年ぶりに釈放された。

六九年4月の第九回党大会で林彪が毛沢東の正式な後継者になった。党規約に「林彪同志は毛沢東同志の親密な戦友であり、後継者である」と記されたのである。だが、功を焦ったのか、後継者の林彪が謎の行動に出る。毛沢東暗殺のクーデターを計画し、それが失敗すると、飛行機で国外に逃げようとして、モンゴルで墜落死してしまうのである（七一年9月、林彪事件）。

林彪事件にかかわった軍の幹部は失脚し、入れ代わる形で文革で失脚していた行政幹部が復活してきた。七三年には鄧小平が副首相として復活した。周恩来《しゅうおんらい》首相がこうした勢力をまとめて、混乱の収拾にあたった。一方で、文革派は江青、張春橋、王洪文、姚文元《ようぶんげん》の四人による「四人組」を中心に、毛沢東からの権力の継承を狙った。「周恩来と鄧小平」に対する「四人組」という対決の構図ができた。

七六年に文革は最後のどんでん返しを見せる。1月の周恩来の死去をきっかけに、4月には「四人組」と文革に飽きた大衆が天安門広場で当局と衝突（第一次天安門事件）。鄧小平は再び失脚する。しかし、9月に毛沢東が死去すると、翌10月に毛の後継者となった華国鋒《かこくほう》らが「四人組」を逮捕して、「宮廷クーデター」のような形で文革は終幕を迎えた。

中国の公式的な文革の評価は、「毛沢東の個人的な誤り」「大きな災難をもたらした内乱」といったものである。あまり正面から取り上げたくない国の歴史の一つの出来事である。

中学校の教科書『中国歴史』八年級・下冊（人民教育出版社）でも、「『文化大革命』の十年」と、文革を扱った単元はカギ括弧付きで説明される。昔だったら紅衛兵になったかもしれない、現代の中学生が習う文革の概要は次のようなものだ。

動乱と災難

二〇世紀の六〇年代中期に、毛沢東は党中央に修正主義が現れ、党と国家が資本主義復活の危機に直面していると誤って認識した。彼は資本主義の復活を防ぐために、「文化大革命」を発動することを決めた。一九六六年に、中国共産党中央は「プロレタリア文化大革命」を展開する決定を相次いで出し、「中央文革小組」（原注＝「文化大革命」の指揮機構、組長は陳伯達、顧問に康生、副組長に江青、張春橋ら、メンバーに姚文元ら）をつくり、劉少奇と鄧小平のいわゆるブルジョア司令部に対し誤った闘争を行った。林彪、江青、康生、張春橋らは「文革小組」の名義を利用して、「すべてを打倒し、全面的に内戦を行う」と扇動した。その当時、全国の学校や工場でストによって「革命をやる」動乱の局面が現れた。党と政府の機関は攻撃を受け、多くの幹部と知識分子が厳しい迫害を受けた。

そして、林彪事件や鄧小平の復活を経て、一〇年後の七六年の文革の終幕はこう結ばれる。

10月、華国鋒（原注＝当時の党中央第一副主席、首相）や葉剣英《ようけんえい》らは中央政治局を代表して果断な措置をとり、江青反革命集団を一挙に粉砕し、「文化大革命」の内乱を終わらせて、危難の中で中国の社会主義事業を救った。人民は拍手喝采し、国中が沸き返った。

11

紅衛兵・毛語録（1966〜76）

文化大革命を記録した映像や映画でも記憶に残るのが、紅衛兵の姿だろう。緑色の軍服と軍帽、赤い腕章には「紅衛兵」と黄色く染め抜かれていた。そして、手には赤い表紙の『毛主席語録』があった。

「保衛紅色政権的衛兵」＝「赤い政権を守る衛兵」を自称したので、紅衛兵と呼ばれた。赤い政権とは、毛沢東がつくった社会主義・中国のことで、忠誠の対象は毛主席だった。

毛沢東は、共産党内の権力闘争を勝ち抜くために、党の外に目を向けて、彼独自の大衆路線の実践として、紅衛兵の若者たちを利用した。一九六六年８月、天安門広場で一〇〇万人の紅衛兵を接見し、自らの腕に赤い腕章をつけてみせた。こうして毛沢東の権威の下、紅衛兵の運動は暴力を伴って中国全土に広がった。

紅衛兵は「破旧立新」＝古いものを壊し、新しいものを打ち立てる、というスローガンを叫びながら、商店の看板や道路標示を壊し、「反革命分子」の家捜しをして古書や骨董《こっとう》を投げ捨てた。

1967年、手に手に「毛語録」をかざす紅衛兵たち（写真は新華社＝中国通信）

さらに翌六七年にかけて、紅衛兵は工場や農村の造反派と連合して、従来の党組織や行政組織から権力を奪う奪権闘争に集中した。後に、「内乱」や「内戦」ともいわれる文革の混乱の中で、突撃隊の役割を演じたのである。高級幹部をつるし上げて、頭に三角帽子をかぶせて、両手を後ろ手にしばり上げてひざまずかせた。

毛沢東は劉少奇《りゅうしょうき》や鄧小平《とうしょうへい》を失脚させたことで、党内での権力闘争の目的を果たしたが、全国を混乱させた紅衛兵の「造反」はなかなか収まらず、ついには抑え込まれることになる。若者たちの多くは、農民から再教育を受けるといった名目で、農山村の現場に送られていった。文革の一〇年間で二〇〇〇万人を超える若者が「山に登り村に下った」という。

中国語では「上山《じょうざん》下《か》郷《きょう》」という。ちなみに、「下放《かほう》」とは行政幹部や知識人が農村や工場に入って労働することをいう。

ここで、紅衛兵や軍人、一般の国民までが読み込んで暗唱するまでになった『毛沢東語録』の一端を見てみよう。

もともとは党副主席兼国防相だった林彪《りんぴょう》の指示で、人民解放軍の機関紙『解放軍報』に、毛沢東の演説や論文の一部を載せていたが、六五年に軍人の思想教育用に軍服のポケットにも入るような小さな本にまとめられた。それが、紅衛兵には「大きな武器」になった。文革の一〇年間で五〇数億冊の「語録」が出版された。英語や日本語などの外国語版も出された。（以下の引用は、北京・外文出版社翻訳・出版の『毛主席語録』一九六六年から）

「革命は、客を招いてごちそうすることでもなければ、文章をねったり、絵をかいたり、刺しゅうをしたりすることでもない。そんなにお上品で、そんなにおっとりした、みやびやかな、そんなにおだやかでおとなしく、うやうやしく、つつましく、ひかえ目のものではない。革命は暴動であり、一つの階級が他の階級をうち倒す激烈な行動である」（「湖南省農民運動の視察報告」一九二七年3月、『毛沢東選集』第一巻）

毛沢東の一生を貫いた革命に対する見方を分かりやすく説いている。

「共産党員の一人ひとりが、『鉄砲から政権がうまれる』という真理を理解すべきである」（「戦争と戦略の問題」一九三八年11月6日、『毛沢東選集』第二巻）

こちらも有名な言葉で、中国共産党の「出生証明」のようなものだ。共産党と軍の切っても切れない関係が分かる。

「人民、ただ人民のみが世界の歴史を創造する原動力である」（「連合政府について」一九四五年4月24日、『毛沢東選集』第三巻）

確かに真理ではある。だが、その「人民」の中身を問題にするのが、革命家、毛沢東である。そして、だれが「人民」かを決めるのも毛沢東だった。

「敵味方のあいだの矛盾と人民内部の矛盾という二種類の異なった矛盾を正しく認識するためには、まず、人民とは何であり、敵とは何であるかをはっきりさせなければならない。……現段階、すなわち社会主義建設の時期においては、社会主義建設の事業に賛成し、これを擁護し、これに参加するすべての階級、階層、社会集団は、みな人民の範囲にはいり、社会主義革命に反抗し、社会主義建設を敵視し、破壊するすべての社会勢力と社会集団はみな人民の敵である」（「人民内

部の矛盾を正しく処理する問題について」一九五七年2月27日）

建国後の中国で社会主義建設をめぐる異論にはこの基準を当てはめて、「人民の敵」に対しては厳しく臨んだ。

「原子爆弾は、アメリカの反動派が人をおどかすために使っているハリコの虎で、見かけはおそろしそうでも、実際には、なにもおそろしいものではない。もちろん、原子爆弾は一種の大量殺人兵器であるが、しかし、戦争の勝敗を決定するのは人民であって、一つや二つの新兵器ではない」（「アメリカの記者アンナ・ルイズ・ストロングとの談話」一九四六年8月、『毛沢東選集』第四巻）

米国や原爆を「ハリコの虎」と切り捨てるのも毛沢東一流のレトリックで、勝敗の決め手は人民という「人民戦争」論である。

「わたしは、現在の国際情勢は、一つの新しい転換点にきていると考える。世界には、現在二つの風、すなわち東風と西風がある。中国には『東風が西風を圧倒するか、西風が東風を圧倒するかである』という成語がある。わたしは、当面の情勢の特徴は、東風が西風を圧倒していること、つまり、社会主義の力が帝国主義の力にたいして圧倒的な優勢をしめていることである、と考える」（各国共産党・労働者党のモスクワ会議における講話〈一九五七年11月18日〉）

朝鮮戦争を戦い、社会主義建設に自信満々だった毛沢東が「東風が西風を圧倒する」と、世界とソ連に大見得を切った形だ。

「世界はきみたちのものであり、また、われわれのものでもあるが、しかし、結局はきみたちのものである。きみたち青年は、午前八時、九時の太陽のように、生気はつらつとしており、まさに、伸び盛りの時期にある。希望はきみたちにかけられている。

……世界はきみたちのものである。中国の前途はきみたちのものである」(「モスクワでわが国の留学生、実習生と会見したときの談話」一九五七年11月17日)

なるほど、ここまで言われれば、悪い気はしない。青年たちは立ち上がるだろう。それは、一〇年後の紅衛兵運動につながった。

取材ノートから

一元紅衛兵の「政治感覚」

『私の紅衛兵時代——ある映画監督の青春』(刈間文俊訳、講談社現代新書)の著者、陳凱歌《ちんがいか》監督

陳凱歌氏
（2007年４月６日、北京にて田村撮影）

は五二年に北京で生まれた文革世代である。農村に送り込まれ、人民解放軍兵士の経験もある。デビュー作は「黄色い大地」（八四年）。「さらば、わが愛／覇王別姫」（九三年）などの作品で有名だ。

その元紅衛兵に〇七年春にインタビューしたことがある。東アジアの近現代一五〇年を振り返る企画「歴史は生きている」で、有識者に近現代の十大出来事を選んでもらおうというものだった。

彼はメモも見ずに、アヘン戦争から日中首脳の相互訪問までの十の事件を選んだ理由を一時間で語り終えた。なるほど、自作の「北京ヴァイオリン」（〇二年）に大学教授役で出ただけのことはある。

彼はもちろん文革も十大事件の一つに選んだ。「私と同世代の人たちは文革で多くの苦しみを受けた。しかし、私は文革は中国の歴史と東アジアの歴史にとってプラスの意義を持っていると思ってきた。あの激しい衝突と矛盾がなかったら、中国のような大きな国家でこれほど巨大な変化はなかったからだ」。人々の苦難と国家の命運とを、幅広くのみ込んでとらえていた。

そして、十の事件の最後に安倍晋三首相（当時）と温家宝《おんかほう》首相の相互訪問をあげた。「私は両国の平和な将来を望んでいる。二一世紀の今、それは田中首相と毛主席の国交正常化を上回る意義がある。今回の相互訪問がうまくいけば、両国は長期にわたって関係を改善することができる」と、その理由を説明した。なるほど元紅衛兵の「政治感覚」は鋭かった。

12 ニクソン訪中（1972）

朝鮮戦争以来続く米国による中国封じ込め政策に加え、一九六〇年代に入ると中ソ対立が激しくなった。六九年3月には中ソ国境のウスリー川の珍宝島（ダマンスキー島）で両軍の衝突が起きた。

「打倒美帝、反対蘇修」（アメリカ帝国主義を打倒し、ソ連修正主義に反対する）

当時の中国のスローガンだ。中国は米ソ両大国をともに敵に回す、二正面作戦を展開しようとしていた。しかし、実際に国境での武力衝突が起きてみると、二正面作戦はいかにも重すぎる。そこで、ソ連を主な敵にすえる代わりに、米国との関係を改善して、対ソ包囲網を作ろうという戦略が頭をもたげてきた。

一方、米国も悩みを抱えていた。六〇年代半ばから本格的に介入していたベトナム戦争の行方である。南ベトナム解放民族戦線と北ベトナム軍の反撃を受けて戦争は泥沼化し、米国内では反戦運動が活発になっていた。ニクソン政権は六九年春からベトナム戦争の終結と対中関係の改善を求め始めた。

そのきっかけになったのが、七一年3月28日から4月7日まで日本の名古屋で開かれた第三一回世界卓球選手権大会だった。

卓球は中国の「国技」とも言えるほどのお家芸で、六〇年代から「卓球王国」の名を得ていた。しかし、文化大革命の影響で六六年から世界大会には参加していなかった。その中国が、名古屋の世界選手権に戻ってきた。

周恩来首相の事跡をたどった『周恩来年譜　一九四九―一九七六』（中共中央文献研究室編、中央文献出版社）によると、周首相は選手団に「今回の試合は政治戦だ。友好が第一、技術は第二」と指示した。選手団は、佐藤栄作内閣の下で関係改善の歩みが停滞していた日中関係に「サーブを打ち込む」という政治的任務を持たされていた。

ところが、思わぬ球が別の相手から打ち込まれてきた。大会に参加していた米国チームの役員が、中国が4月に北京で開く大会に米国も招いてもらえないかと持ちかけてきたのだ。『周恩来年譜』によると、中国外務省は「時期はまだ熟していない」と反対の立場を表明し、周首相はこれを毛沢東に伝えたが、毛は逆に米国チームの招請を決めた。

大会最終日の4月7日、名古屋で中国チームが米国チームの中国への招待を発表した。「皇帝の独断」ともいえる。毛の決定は発表の直前だったとされる。

米国チームは4月10日にカナダなど四カ国のチームとともに中国に入り、友好試合を行った。周首相が米国チームと会見した。ニクソン大統領もこれに呼応して、中国との貿易制限の緩和や旅行制限の撤廃などの関係改善策を打ち出した。

世界をさらに驚かせたのが、同年7月のキッシンジャー大統領補佐官の秘密訪中である。

パキスタンを訪問していたキッシンジャーは腹痛を理由に四八時間雲隠れし、その間に北京を訪問。周恩来と会談し、米中関係、ベトナム戦争、台湾問題、ニクソン訪中などについて突っ込んだ協議を行った。

ニクソン大統領は7月15日にテレビでキッシンジャーの訪中を明らかにし、自らが翌年に中国を訪問することで合意したことを発表した。最初のニクソン・ショックである。

それまで米国や日本などは、中華人民共和国の国連加盟と引き換えに台湾（中華民国）を追放することに反対していたが、七一年10月の国連総会で台湾の追放と中国の国連加盟が実現、台湾は国連から「脱退」した。

そして、年が明けた七二年2月21日、ニクソン大統領が北京に到着した。大統領専用機のタラップの下に、周恩来首相が出迎えた。その日のうちに毛沢東・ニクソン会談が行われた。27日には

朝日新聞（夕刊）　昭和47年（1972年）2月21日　月曜日　30955号

米大統領　歴史的な北京入り

周首相、堅い握手

米国歌吹奏　整然と歓迎陣

夕刻、初の対話

北京空港に着き周恩来首相（右）と握手するニクソン大統領（AP）

拍手しつつ第一歩

やや緊張気味のニクソン大統領

空港沿道　一般大衆の姿見えず

こう着打開へ接近戦術

ろう城の連合赤軍　壁に銃眼、また発砲

「四次防」大詰の模索

自民、野党との折衝急ぐ

革新メガロポリス"延びる

社共統一候補が勝つ

要人ずらり空港出迎え

北京周報駐日特派員が赴任

朝日新聞1972年２月21日付け夕刊１面。写真は北京空港に降り立ったニクソン大統領（左）を迎えて握手する周恩来首相。題字下には「要人ずらり空港出迎え」として、周首相のほか葉剣英・党中央軍事委副主席、李先念・副首相、郭沫若・全国人民代表大会常務委副委員長、姫鵬飛外相らが迎えに出たことを伝えている。

（紙面は朝日新聞社提供）

上海コミュニケが発表された。朝鮮戦争以来、二〇年ほど続いた米中冷戦の時代は終わり、米中関係は新たな段階に入った。ただし、両国の国交正常化は七九年1月1日まで待つことになる。

米中最大の懸案だった台湾問題について、上海コミュニケでは、中国側が台湾は中国の一つの省であり、台湾の解放は中国の内政問題であり、米国の兵力と軍事施設は台湾から撤去すべきことを表明した。これに対し米国側は、「台湾海峡両側のすべての中国人がみな、中国はただ一つであり、台湾は中国の一部であると考えていることを認識した」と表明、さらに台湾問題の平和的解決への関心を示した。また、兵力などについては「次第に減らしてゆくであろう」とするにとどめた。

一方、ベトナム戦争などインドシナ情勢については、中国側が「ベトナム、ラオス、カンボジア三国人民が自分の目標を実現するために払っている努力を断固支持する」と表明。米国側は「インドシナ諸国人民が、外部からの干渉を受けない状況のもとで自己の運命を決めるのを許すべきである」と応じ、「米国の一貫した第一の目標は話し合いによる解決である」とし、将来の米軍の全面撤退にも言及した。

米中双方は、ソ連という脅威を前にして、台湾問題とベトナム問題でともに歩み寄って、関係改善にこぎ着けた。

ただ、米国という手ごわい敵を相手にして、中国からの援助を受けていたベトナムにとっては、米中関係改善は中国の裏切りと映り、中国への不信感を招く一因となった。その後、中国はベトナムへの援助を減らしていった。そして、米中が国交を正常化した直後の七九年2月には、中国とベトナムが戦火を交えることになる。

ニュースの単語帳

乒乓《ピンパン》外交《ワイチアオ》＝ピンポン外交

乒乓球《ピンパンチウ》は卓球のことで、乒乓は銃弾や爆竹のパンパンという音を表すときにも使う。卓球の小さな球が世界を揺るがしたということで、ピンポン外交は「小球《シアオチウ》転《チョワン》動《トン》大球《ターチウ》」とも言われた。二〇〇九年1月には、米中国交正常化三〇周年を記念して、北京で両国の政府関係者が出席した「乒乓球友誼賽《ユーイーサイ》」＝卓球友好試合も開かれた。

13 日中国交正常化（1972）

一九七一年7月のキッシンジャーの訪中と10月の中国の国連加盟。そして翌七二年2月のニクソン訪中。

中国をめぐる国際情勢が大きく変わる中で、日本では「バスに乗り遅れるな」とばかりに、中国との関係正常化への動きが速まる。そして、七二年9月には田中角栄首相（一九一八～九三）が訪中し、戦後二七年たってようやく日本と中国の関係が正常化する。

一九六四年に就任した佐藤栄作首相（一九〇一～七五）は、七年八カ月という長期政権を維持し、日韓国交正常化（六五年）、日米安保の自動延長（七〇年）、沖縄返還（七二年）などの外交実績を収めたが、中国との関係改善には前向きではなかった。

それに対し、米国は日本の頭越しに中国と話をつけて、ニクソン大統領の訪中を決めた。さらに秋の国連総会では、日本は米国と共同歩調をとって台湾の代表権を守ろうとしたが、これに失敗。社会党や公明党など野党はもちろん、自民党の中からも中国との関係改善を求める声が一段と強くなった。

　こうした流れを受けて、七二年7月7日に発足した田中政権は、田中首相と大平正芳外相（一九一〇～八〇）のコンビで、政権公約に掲げた日中国交正常化に乗り出した。

　周恩来首相は、田中政権発足二日後の9日、南イエメン代表団の歓迎宴のあいさつで「田中内閣が7日に成立し、外交では中日国交正常化の実現に力を入れると表明した。これは歓迎に値する」と特に述べて、日本に対し正常化に応じるサインを送った。

国　交正常化交渉では、「復交三原則」をめぐって日中双方が妥協点を探った。三原則とは、七一年6月に公明党の訪中団が示した国交回復五原則が元になっており、その後の中国の国連加盟などによって、次の三原則が残った。
❶中華人民共和国政府は中国を代表する唯一の合法政府である。
❷台湾は中華人民共和国の領土の不可分の一部である。
❸「日台条約」は不法であり、廃棄されなければならない。
　日台条約とは、五二年4月28日に台北で調印された「日本国と中華民国との間の平和条約」（日華平和条約）のことである。同日発効したサンフランシスコ平和条約などに基づき、日本と中国との間の戦争状態の終結を宣言し、中華民国は戦争賠償を「自発的に放棄する」とし、条約の適用

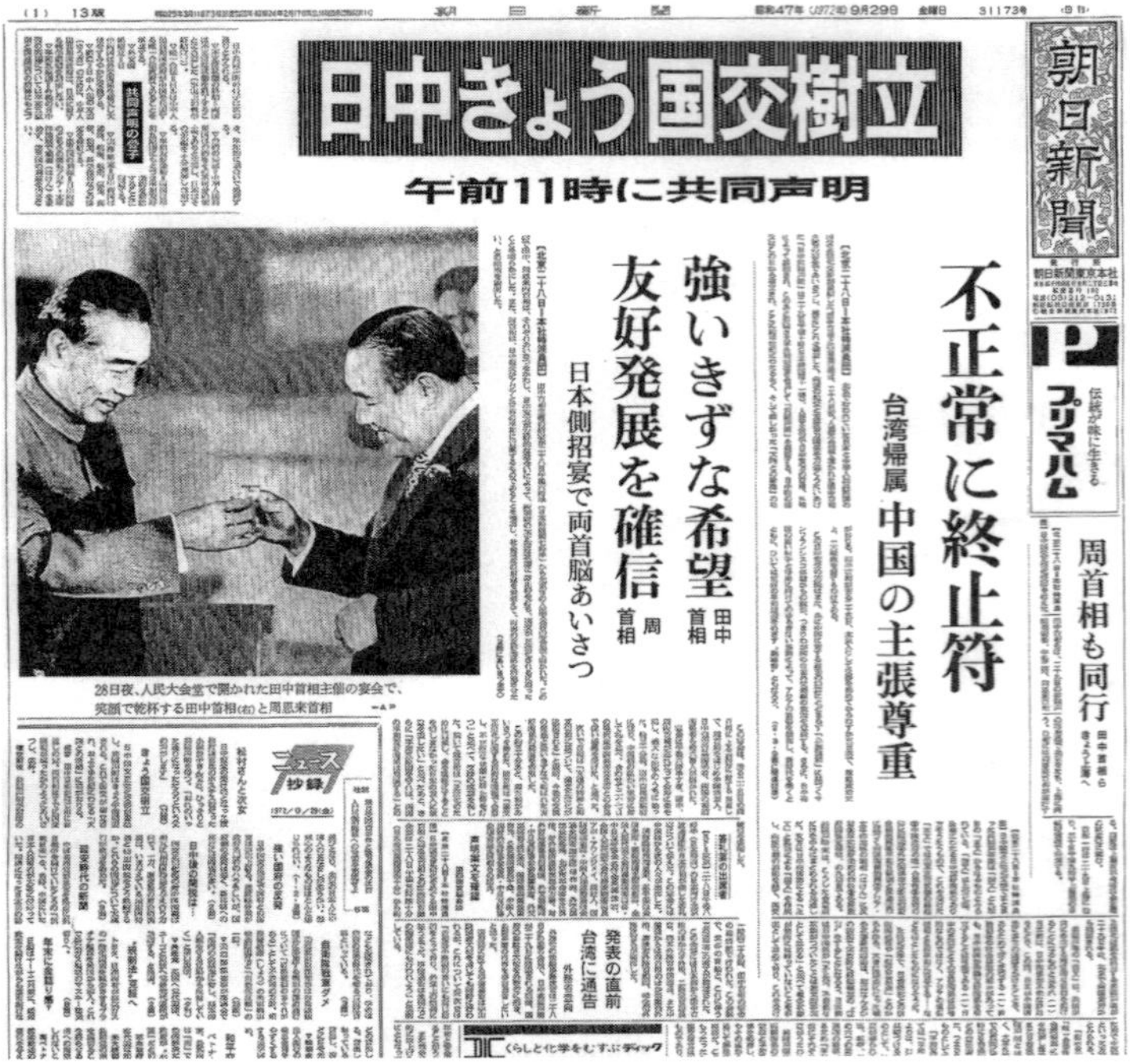
朝日新聞

日中きょう国交樹立

午前11時に共同声明

不正常に終止符

台湾帰属 中国の主張尊重

強いきずな希望 田中首相

友好発展を確信 周首相

日本側招宴で両首脳あいさつ

周首相も同行

発表の直前 台湾に通告

28日夜、人民大会堂で開かれた田中首相主催の宴会で、笑顔で乾杯する田中首相(右)と周恩来首相

朝日新聞1972年９月29日付け朝刊１面。トップの見出し「不正常に終止符」というのは、「事実上の戦争終結宣言」という意味。写真のキャプションは「28日夜、人民大会堂で開かれた田中首相主催の宴会で、笑顔で乾杯する田中首相（右）と周恩来首相」。

この日中国交正常化交渉取材のため朝日新聞社は「特派員団」を組み、その署名でこうリードに書いている――「…ここ約半世紀にわたる永く、そして厳しかった『大陸との断絶』の幕がおりる。…この日中復交の実現はまた、単に中国に対する過去の清算にとどまらず『単独講和』に基づくサンフランシスコ体制からの脱却、つまりわが国の自主外交路線の敷設を意味する。さらに、両国の固い握手と将来に向けてのゆるぎない協調によって、アジアの緊張を緩和し、新時代を築くとともに、ひいては世界の平和建設をめざす“跳躍台”ともなろう」。日中国交正常化に託した期待の大きさが読み取れる。

（紙面は朝日新聞社提供）

地域については「中華民国政府の支配下に現にあり、また今後入るすべての領域」とした。

9月25日に北京に入った田中首相と大平外相は、周恩来首相と姫鵬飛《きほうひ》外相を相手に四日間にわたり会談を重ねた。戦争への認識や賠償問題、台湾問題などをめぐって激しいやりとりがあった。

第一回会談の冒頭で、田中首相が「正常化の条件は熟した」と述べたのに対し、周首相は「小異を残して大同につく」と、中国側の立場を表明した。最後になった四回目の会談では、周首相が信義の大切さを説き、中国のことわざを引いて「言必信、行必果」（言ったことは必ず守り、行ったら結果を出す）と書いて田中首相に手渡した。田中首相は「信為万事之本」（信義を万事の本《もと》とする）と書いて応じた。

9月29日に日中共同声明が調印された。その主な点をあげてみる。

●日本側は、過去において日本国が戦争を通じて中国国民に重大な損害を与えたことについての責任を痛感し、深く反省する。

●日本国と中華人民共和国との間のこれまでの不正常な状態は、この共同声明が発出される日に終了する。

●日本国政府は中華人民共和国政府が中国の唯一の合法政府であることを承認する。

●中華人民共和国政府は、台湾が中華人民共和国の領土の不可分の一部であることを重ねて表明する。日本国政府は、この中華人民共和国政府の立場を十分理解し、尊重し、ポツダム宣言第八項（注）に基づく立場を堅持する。

●中華人民共和国政府は、中日両国国民の友好のために、日本国に対する戦争賠償の請求を放棄することを宣言する。

●両国のいずれも、アジア・太平洋地域において覇権を求めるべきではなく、このような覇権を確立しようとする他のいかなる国あるいは国の集団による試みにも反対する。

復交三原則にあった日台条約については、29日の調印式の後の記者会見で、大平外相が「日華条約は存続意義を失い、終了したものと認められる」と述べ、条約の終了を宣言した。

こうして、日本政府は中華人民共和国の成立から二三年目に、同国政府を承認した。これ以降、中華民国とは民間の関係を維持するだけになり、「国家」ではなく「地域」＝台湾として対することになる。

〈注〉ポツダム宣言第八項　カイロ宣言の条項は履行せらるべく、又日本国の主権は本州、北海道、九州及び四国並びに吾等の決定する諸小島に局限せらるべし。（四五年7月26日）

カイロ宣言（抜粋）　同盟国の目的は、日本国より、一九一四年の第一次世界戦争の開始以後に於て日本国が奪取し又は占領したる太平洋に於ける一切の島嶼を剝奪すること、並びに満洲、台湾及び澎湖島の如き日本国が清国人より盗取したる一切の地域を、中華民国に返還することに在り。
（四三年11月27日）

ニュースの単語帳

添《ティエン》了《ラ》麻煩《マーファン》＝迷惑をかけた

田中首相は、9月25日夜の歓迎晩餐会でのあいさつで日中戦争について、「わが国が中国国民に多大のご迷惑をおかけしたことについて、私は改めて深い反省の念を表明するものであります」と述べた。日本側の通訳は「多大のご迷惑をおかけした」を「添了很大的麻煩」と翻訳した。この訳語の選択が日中首脳会談でも取り上げられるほど、もめることになる。

「麻煩」は、①煩わしい。面倒（である）。②面倒をかける。手数をかける。煩わす（『中日辞典』第2版＝小学館）という意味。人に手間をかけたり、負担をかけたりした時には、「麻煩你了《マーファンニーラ》」と言えば、「お手数かけてすみません」という、おわびの言葉になる。初級中国語では、「你好《ニーハオ》」＝こんにちは、に続いて学ぶような言葉だ。

これが、敗戦国の首相の公式晩餐会のあいさつに出てきたので、宴席の一部がざわついた。中国側は黙っていなかった。

周恩来首相は翌26日の首脳会談で「田中首相が過去の不幸な過程について遺憾に感じて、深い反省を示したことは、我々は受け入れることができる。ただ、『多大な迷惑をかけた』という表現は、中国人民の強い反感を招いた。中国は侵略を受けてひどい損害を受けており、決して『迷惑をかけた』などと言うことはできない」と厳しく批判した。(『周恩来年譜　一九四九—一九七六』中共中央文献研究室編、中央文献出版社、一九九七年)

さらに27日夜には、毛沢東主席が田中に会うなり、「もうケンカは済みましたか。ケンカをしないとダメですよ」と切り出し、次いで「若い人たちが、ご迷惑をかけたという表現は不十分だといってきかないのですよ。中国では女性のスカートに水をかけたときに使うことばですから」と問いかけた。田中首相が「万感の思いをこめておわびするときにも使うのです」と応じると、毛沢東は「わかりました。迷惑のことばの使い方は、あなたの方が上手なようです」と引き取ったとされる。(『ドキュメント日中復交』時事通信社政治部編、時事通信社、一九七二年)

結果として、日中共同声明では日本の戦争責任については「日本側は、過去において日本国が戦争を通じて中国国民に重大な損害を与えたことについての責任を痛感し、深く反省する」と、書き込まれた。

14 「一つの中国」（1949〜）

標題の「一つの中国」とは、「台湾は中華人民共和国の不可分の領土の一部であり、中華人民共和国政府が中国の唯一の合法政府である」という考え方で、一九七二年の日中共同声明にも盛り込まれたように、中国が外交関係を結ぶ際の大原則にしているものだ。

日本のマスコミも、この「一つの中国」の立場に立って、台湾（中華民国）を「国家」ではなく、「地域」として扱っている。「台湾政府」を「台湾当局」と言い換えたり、「立法院（国会）」「行政院長（首相）」などと言葉を補ったりしている。当然ながら、中華民国の国旗である「青天白日満地紅旗」も使わない（もっとも時々、誤って掲載されることもあるが）。

これに対し、中華人民共和国と台湾（中華民国）を対等の国家として扱う考え方として、「一つの中国、一つの台湾」「二つの中国」がある。これは、中華人民共和国の「一つの中国」の原則とは相いれないもので、ここから中国と国際社会のさまざまな衝突が生まれてきた。台湾は、中国の行政単位の一つの省であり、「台湾省は祖国・大陸との統一を待っている」のである、というわけだ。

日本との関係でいえば、日本は日清戦争後の一八九五年の下関条約で清国から台湾を割譲され、五〇年後の一九四五年、第二次世界大戦での日本の敗戦によって中華民国が台湾を接収した。さらに、中華民国政府は四九年に大陸から台湾に逃れ、それ以後、台湾を実効支配している。ちなみに、中華民国は一九二五年に成立し、中華民国国民政府の略称の「国府」とも呼ばれた。「国父」は孫文《そんぶん》（一八六六～一九二五）である。

台湾との違いを明らかにするために、中華人民共和国が支配する地域を指して、中国大陸または大陸という呼び方も使われる。

一方、四九年10月に成立した中華人民共和国は「共産中国」「人民中国」とも呼ばれたが、自らは歴史的な尺度を使って「新中国」と称し、革命以前の中国を「旧中国」と呼んで区別した。新中国こそ中国の唯一の正統政権であり、その任務は旧中国＝中華民国が支配する台湾を奪い返す、「台湾解放」「祖国統一」であるとした。

これに対し、台湾に逃れた中華民国は、なお全中国を代表する正統政権であると主張して、「大陸光復」「大陸反攻」を唱えた。

第二次世界大戦も終盤を迎えた四五年4月から6月にかけて、米サンフランシスコで開かれた連合国会議で国連憲章が採択され、同年10月に国連が発足した。連合国の一翼をになった中華民国はその原加盟国の一つで、安全保障理事会の常任理事国になった。その後、四九年に中華人民共和国が成立すると、共和国は中華民国に代わる国連の代表権を主張したが、米国はこれを認めずに中華民国の代表権を支持した。

一九五〇年の朝鮮戦争を機に、米国は冷戦の前線基地として台湾を守ることにした。このため、日本をはじめ米国に追随する西側諸国は中華民国と国交を持ち、北京政府を認めない状態が続いた。この間、国連の議席も台湾が持っていた。

国連では、五〇年代にはソ連やインドが中国の代表権承認を持ち出したが、米国はこれを退けた。六〇年代には、中国は文化大革命の影響もあって外交活動が停滞した。だが、アフリカなどの新興国が中国と国交を結ぶようになると、国連で中国を支持する国が増えてきた。

七〇年の国連総会では、中華民国政府を国連から追放しようというアルバニア案が初めて過半数を獲得した。ただ、米国などにより、中国の代表権問題は総会の三分の二以上の賛成を必要とする「重要事項」に指定されていたため、単純過半数では中国の復帰は決まらなかった。

翌七一年10月の国連総会では、台湾の議席を守ろうとした米国や日本は、中国と台湾の二重代表決議案と台湾の追放を「重要事項」に指定する逆重要事項指定決議案を提案したが、否決された。アルバニア案は賛成76、反対35、棄権17で採択され、中国が国連に復帰し、中華民国は国連

朝日新聞 夕刊

中国の国連参加決る

アルバニア案を可決

深夜の国連総会

76票対35票の大差

国府、直ちに脱退表明

逆重要決議案は通らず

喜ぶ中国支持派の国々

日本孤立化の危

中国 国際政治の表舞

野党、佐藤

品質本位の 伊藤ハム

朝日新聞1971年10月26日付け夕刊１面。記事は「田中、近藤特派員」によるものだが、22年にわたって争われてきた国連の代表権をめぐる争いが新中国の完勝で決着した瞬間を、こう生き生きと伝えている。――「（アルバニア案成立には三分の二の多数が必要との）逆重要事項決議案の表決は午後九時三十八分から始まった。カナダを皮切りに、息詰まるような緊張のうちに各国の名前が次々に読み上げられていった。前評判と食違う投票ぶりを発表した国にはオー、オーという声があがった。得票は両者互角の形勢でのびていったが、最後の数票で勝負が決まった。／逆重要事項決議案は賛成五十五、反対五十九、棄権十五、欠席二で否決された。／議場正面の電光掲示板に表決結果が集計された。同時に大きな拍手と「ウォー」という喚声が議場の四方から起こった」

このあと「アルバニア決議案の表決は午後十一時十分から行われ、賛成七十六、反対三十五、棄権十七、投票不参加三の圧倒的多数で可決された。逆重要事項決議案の否決で大勢を見きわめた各国は次々に中国支持表明に転じ、大きな票の動きのなだれ現象が起こったのである」。写真のキャプションは「喜ぶ中国支持派の国々――25日夜、アルバニア案が可決され踊りあがらんばかりに喜ぶ、各国代表たち」　（紙面は朝日新聞社提供）

を脱退した。

翌

七二年の米中共同声明（上海コミュニケ）と日中共同声明を経て、国際社会は中国の「一つの中国」の原則にのっとった枠組みを作った。①中国と国交を持つ国は台湾（中華民国）を国家として承認せず、民間の関係にとどめる。②国連など国際機関への台湾の参加を認めない、という二つの柱からなる。

これを逆に台湾から見ると、七九年の米中国交正常化と米華相互防衛条約の破棄は「台湾への打撃はとても大きく、わが国は国際的な孤立の苦境に陥った」（台湾の中学校教科書『国民中学・社会2』）ことになる。この国際的な孤立からの脱却への動きが、中台間の摩擦を招くことになる。

台湾は経済発展を背景に、八七年には戒厳令を解除するなど、蔣経国《しょうけいこく》総統の晩年には自由化、民主化へと舵《かじ》を切り出す。

八八年に総統を引き継いだ李登輝《りとうき》は「実務外交を推し進め、中華民国は独立した主権国家であることを強調し、国際的な事務に参与することで、台湾の国際的な地位を確立することを望んだ」（同前）。中国の「一つの中国」の原則に対し、李登輝総統は「一つの中国の二つの対等な政治実体」を打ち出した。正統な中国という考え方は認めたうえで、中国と台湾を対等な関係に引き上げようとしたのである。

さらに、李登輝総統は九九年には双方の関係を「少なくとも特殊な国と国との関係になっている」と発言。このいわゆる「二国論」は中国の強い反発を招き、「李登輝は中国分裂への道を遠くへ行ってしまった」（中国外務省）と非難された。

翌二〇〇〇年には、国民党から民主進歩党への政権交代が起きた。陳水扁《ちんすいへん》総統は〇二年には中国と台湾は「一辺一国」（それぞれ別の国）と位置づけた。「特殊な」という限定もはずされて、政権の正統性を争う発想も捨てられた。陳水扁政権は、「中華民国」ではなく「台湾」の名称による国連など国際機関への参加など、台湾を主権国家として認めさせようと働きかけた。

祖国の統一をめざす中国から見れば、まさに「一中一台」で、台湾独立につながる動きである。中国の全国人民代表大会は〇五年3月に反国家分裂法を採択した。国を分裂させる台湾独立の動きに対しては、非平和的手段や必要な措置をとるとしており、台湾への武力行使に法的根拠を与えた。

〇八年に再び政権を奪還した国民党の馬英九《ばえいきゅう》総統は、中台関係をそれまでの政治的対立から経済中心の実務関係の積み重ねに転換した。「一つの中国」の原則には、できるだけ触れずに「現状維持」のまま棚上げし、台湾の利益を確保しようという政治姿勢だ。

ニュースの単語帳

傾中売台《チンチョンマイタイ》＝中国傾斜と台湾切り捨て

馬英九総統の対中融和政策に反発する野党・民進党などは、台湾の主権を売り渡して、中国に譲歩してばかりだと批判した。「親中《チンチョン》」なら、出身などを含めた心情的な親中派といった意味になるが、「傾中」になると、中国人や台湾人といった出身の違いからではなく、政策面での中国傾斜といった面が強調される。「売台」は、国を売る＝「売国《マイクオ》」を台湾に当てはめた形だ。

15

四人組（1966~76）

毛沢東の側近集団として文化大革命の推進に力を発揮したものの、七六年9月の毛沢東の死去の直後に失脚したのが、いわゆる「四人組」だ。中国語では、「四人幫《スーレンバン》」、英語では「ギャング　オブ　フォー」となる。

毛沢東の夫人の江青《こうせい》、張春橋《ちょうしゅんきょう》、姚文元《ようぶんげん》、王洪文《おうこうぶん》の四人。

北京での政治的巻き返しを図ろうとした毛沢東は、夫人の江青を六五年初めに上海に行かせて、実権派打倒の機会を探らせた。

江青（一九一四~九一）は上海市のトップの支持を得て、市共産党委員会書記の張春橋（一九一七~二〇〇五）の協力によって、実権派を批判する論文を準備する。それが、文革の狼煙《のろし》になった論文「新編歴史劇『海瑞《かいずい》免官』を論ず」で、筆者には文芸評論家の姚文元（一九三一~二〇〇五）が選ばれた。

姚文元は、五五年の胡風《こふう》批判運動（文芸評論家の胡風が共産党の官僚主義的な文芸政策を批判したことに対し、毛沢東が逆に反革命集団として胡風とその支持者たちへの批判運動を展開した）で論文を発表。上海の党委員会機関紙『解放日報』の編集長だった張春橋に目をかけられた。さらに、五八年の反右派闘争でも多くの論文を書き、個人批判の文章を得意にしていた。

まず、江青ら三人の協力が始まった。姚文元らは六六年5月には別の論文を出し、今度は北京市党委員会を批判した。

文革が本格的に始まった六六年5月、三人は中央文革小組《しょうそ》（小組はグループのこと）に入った。第一副組長に江青、副組長に張春橋、メンバーに姚文元である。さらに、康生《こうせい》、陳伯達《ちんはくたつ》らが加わって、紅衛兵や労働者の造反による奪権闘争を進め、毛沢東のライバルである劉少奇《りゅうしょうき》を「資本主義の道を歩む実権派」のトップとして打倒する。三人は六九年の第九回党大会で党中央政治局員に昇格した。

さて、四人目の王洪文（一九三五～九二）は上海の国営工場の労働者だったが、文革が始まると造反派の労働者を組織して頭角を現し、造反派同士の武闘を指揮した。第九回党大会で中央委員に選ばれ、北京の中央政界への足がかりを得た。

この第九回党大会では、林彪《りんぴょう》が毛沢東の後継者として指名された。文革を推進していた二大勢力は、人民解放軍をにぎる林彪グループと、造反労働者と理論部門をにぎる江青グループだった。共通の敵の実権派を倒すと、両グループの争いが激しくなる。

両派の争いは毛沢東の信認を取り付ける競争となったが、焦った林彪は七一年に毛沢東の暗殺を企てて失敗し、航空機でソ連に逃亡する途中、モンゴルで墜落死した（林彪事件）。林彪につながる軍人たちも失脚した。

七三年の第一〇回党大会では、四人はそろって政治局のメンバーになり、王洪文は党副主席、張春橋は政治局常務委員に昇格した。ただ、この時点では、まだ四人組という呼び方は生まれていなかった。

経済と行政の混乱が収まらない中、毛沢東は秩序の回復のために実務派の力を借りざるを得なかった。周恩来首相と、文革で一度は失脚した鄧小平《とうしょうへい》の再起用である。鄧小平は七三年に副首相に返り咲き、失脚した多くの幹部も復活した。実務派は文革のイデオロギー偏重の動きに歯止めをかけようとした。

これに反発したのが、江青グループである。林彪と孔子《こうし》を合わせて批判する「批林批孔《ひりんひこう》運動」の中で、周恩来批判を展開した（周恩来を孔子になぞらえた）。だが、毛沢東にはこの運動は行きすぎと映った。七四年7月、毛沢東は政治局会議で四人を批判し、「上海グループを作らないように、四人の小派閥を作ってはいけない」と警告した。「四人組」の問題が初めて取り上げられたのが、この時だった。

その後も、経済の秩序回復を進める鄧小平と四人組の綱引きが続いた。七五年に入ると、江青は国務院（内閣）への文革派の登用を求めたが、毛沢東に退けられた。毛沢東は四人組の問題について「今年解決できなければ、来年に解決する。来年に解決できなければ、再来年に解決する」と語ったとされる。

毛沢東は鄧小平ら実務派と四人組ら文革派の双方の手綱を取っていけると踏んでいたようだが、結局、鄧小平の進める政策は文革前への逆戻りだと見なして、鄧小平批判に踏み切る。四人組を中心に「悔い改めない走資派（資本主義の道を歩む実権派）」批判が展開される。「右からの巻き返しの風に反撃する」運動である。

七

六年1月に周恩来が死去すると、国民の間に周恩来追慕の動きが広まり、それは四人組への不満としてたまっていった。4月には第一次天安門事件が起き、鄧小平は解任される。毛沢東は「あなたがやれば、私は安心だ」とのメモを書いて渡し、ナンバー2に華国鋒《かこくほう》を据えるが、八二歳になる主席の健康は悪化し、四人組はその死後に備えていた。

毛沢東もその年9月9日に死去する。今度は、華国鋒を追い落とそうとする四人組と、それに対抗する勢力の争いになった。毛沢東の死去から一カ月足らずの10月6日夜、華国鋒と軍長老の葉剣英《ようけんえい》らが先に動き、四人組は中央警衛部隊に次々に逮捕された。

文化大革命は台湾の高校歴史教科書でも見開き２ページが割かれている。
写真は「四人組の裁判」として、「1980年、中国最高人民法院特別法廷が裁判を行った。右から江青、姚文元、王洪文、張春橋」の説明がある。
（普通高級中学『歴史』第２冊・一年級下学期用書／南一書局より）

皇帝が死んだ後に、皇后らの側近グループが一網打尽になるという、まさに中国歴史ドラマの再演を見るような、軍人たちのクーデターだった。文革も終幕を迎えた。

再度の復活を果たした鄧小平は七八年末から改革・開放政策を主導する。一方で、毛沢東路線の忠実な後継者として振る舞う党主席の華国鋒との対立が表面化するようになる。軍配は鄧小平に上がり、華国鋒は八一年6月に党主席を辞任する。

この間、文革への政治的決着をつける一環として、林彪グループと四人組の裁判が行われる。八〇年11月から八一年1月にかけて特別法廷が開かれた。裁判では、四人組は「江青反革命集団」として裁かれた。裁判では、二つのグループは「党と国家の最高権力を奪い取ることを目的に陰謀を企てた」とされた。判決では「人民民主主義独裁を覆す目的で反革命集団を組織、指導した首謀者」として、江青と張春橋の二人に死刑・執行延期二年の刑が言い渡された。その他の被告全員も、政府転覆陰謀罪などで有期から無期の懲役刑を言い渡された。

当時の中国では珍しく、裁判の一部がテレビで放映された。文革の被害を受けた国民には「政治ショー」が必要だった。江青は「毛主席万歳！」などと大声でわめき、罪を認めなかった。対照的に張春橋は無精ひげで黙秘を貫いた。江青は九一年5月に自殺した。女優から「皇后」にまで登りつめた、七七年の波乱の生涯だった。

一方で、一時は毛沢東の正式な後継者と認められた林彪とそのグループ、毛沢東の指示を受けて文革を推進した江青ら四人組を、共に反革命集団として裁くにあたって、「最高領袖《りょうしゅう》」の毛沢東を「裁く」ことは避けられた。「造反有理」を呼びかけた毛沢東その人が「政府転覆陰謀罪」の被告になってしまうからである。

こうして、文革はひとまず政治的決着をみることになる。

16

毛沢東・周恩来死去（1976）

一九七六年の中国はまさに激動の年だった。
まず、ざっとこの年の出来事を振り返ってみよう。

1月8日　周恩来首相死去、七七歳
4月5日　天安門広場で周恩来を追悼するデモ（第一次天安門事件、四・五運動）
4月7日　共産党政治局会議、華国鋒《かこくほう》の党第一副主席兼首相就任を可決。鄧小平《とうしょうへい》解任
7月6日　朱徳《しゅとく》元帥死去、八九歳
7月28日　唐山地震。河北省東部の唐山をマグニチュード7・8の地震が襲い、二四万二千人余りが死亡
9月9日　毛沢東主席死去、八二歳
10月6日　江青《こうせい》ら四人組逮捕
10月7日　共産党政治局会議、華国鋒の党主席就任を可決

昔の中華帝国で言えば、建国の礎である皇帝と名宰相と大将軍が続けざまに亡くなり、帝位を奪おうとした皇后とその徒党が捕まったことになる。おまけに大地震まで起こり、帝国がひっくり返ってもおかしくないほどだった。

亡くなった順にその人となりを見てみると――。

まず、周恩来。中国の建国から死去するまで首相を務めた。毛沢東主席の補佐役として、内政・外交に手腕を振るった。共産党内では高い地位を維持し続け、「不倒翁（起き上がりこぼし）」とも呼ばれた。

一八九八年、東部の江蘇《こうそ》省淮安《わいあん》生まれ。天津の南開学校を卒業後、日本に留学した。後にフランスで働きながら学ぶ（「勤工倹学」）。二一年に共産党に加わる。二七年の南昌《なんしょう》蜂起などの武装蜂起を中央指導者として指揮する。三〇年代前半までは共産党の実際上のトップだった。三五年1月の中央政治局拡大会議（遵義《じゅんぎ》会議）で、国民党との戦いの敗北の責任をとって、毛沢東にトップの座を譲る。その後も軍の主要メンバーに残り、三六年12月の西安事件では、蔣介石に「内戦停止、一致抗日」を迫り、抗日民族統一戦線の結成につなげた。

四九年10月の中華人民共和国の成立後は、首相と外務大臣（五八年まで）を兼ねた。五〇年の中ソ友好同盟相互援助条約の調印交渉、五四年のジュネーブ和平会談と五五年の第一回アジア・アフリカ会議（バンドン会議）、七二年のニクソン米大統領の訪中と日中国交正常化など、中国の大きな外交舞台の主役を務めた。

毛沢東との決定的な対立は避けて、権力闘争を生き延びた。毛沢東の急進的な集団化などの経済発展の速度の追求に対しては、安定的な経済発展の路線をとった。死去する一年前の七五年1月の全国人民代表大会（全人代、国会に相当）では、農業、工業、国防、科学技術の「四つの近代化」を提起した。文化大革命で混乱した中国経済と社会の安定的な発展の実現が遺言になった形だ。

朱徳。中国人民解放軍の創設者。一八八六年、四川省生まれ。二七年の南昌蜂起（人民解放軍につながる紅《こう》軍が生まれるきっかけになった、国民革命軍による国民政府軍への反乱。蜂起のあった8月1日は建軍記念日になった）を指揮した。その後の紅軍は「朱毛軍」と呼ばれるほどで、国民政府や日本との戦いにおいて、軍の中で卓越した存在だった。建国後の五五年に元帥になった。その後は目立った政治的活動はしていないが、毛沢東にも直言できる軍の長老として重きをなした。

毛沢東。中国共産党の創設者の一人。国共内戦で国民政府を破り、中華人民共和国を建国した。建国後も共産党主席として、階級闘争継続論に基づいて、文化大革命など国民を巻き込んだ政治運動を展開した。

一八九三年、湖南《こなん》省生まれ。湖南省の師範学校で学び、北京大学の図書館で働いていた時にマルクス主義に触れる。二一年には中国共産党の創立大会に参加。農民運動と武装闘争を重視する立場で、農村の革命根拠地を拡大して都市を包囲する戦略を打ち出した。国民政府の攻撃から逃れる長征《ちょうせい》の途中、三五年の遵義会議で党内の主導権を握った。藍蘋《ランピン》の芸名で映画に出た女優が、革命根拠地の延安《えんあん》に入ったのが三七年。毛沢東と結婚して、江青と改名した。乾ききった黄土高原の中に上海から飛び込んできた女優は、ひときわ目立ったことだろう。

抗日戦争では、毛沢東は国民党と協力して日本にあたる国共《こっきょう》合作を唱えた。抗日戦争が終わるころには、毛沢東の権威はカリスマ的なものになり、マルクス・レーニン主義を中国の実情に結びつけた「毛沢東思想」を確立した。四五年4月の第七回党大会では、「毛沢東思想」が党の指導思想として党規約に盛り込まれた。

建国後は社会主義化を進めるが、生産の急拡大をめざした五八年の大躍進政策は失敗。自然災害も重なって大量の餓死者を出した。その責任をとって、一時は劉少奇《りゅうしょうき》と鄧小平に経済の調整を任せて一線を退いた。

しかし、劉少奇らからの奪権をめざして、六六年には文化大革命を発動した。神格化されるほどの絶対的な権威を確立したが、武装闘争の実態は内戦に近く、多くの犠牲者を出した。中国の公式見解では、文革は「共産党と国家に大きな災難をもたらした内乱」と位置づけられた。ただし、毛沢東への評価については、共産党の創設から抗日戦争と国共内戦の勝利、新中国の建国までの功績が第一で、文革などの誤りは第二とされる。中国語では功績が七割で誤りが三割という意味で、「三七開《サンチーカイ》」と言われる。

さて、激動の七六年に戻ってみる。周恩来首相はその前年の七五年1月に文革後の混乱から安定の回復と経済発展をめざして、「四つの近代化」を提起、その実行役として鄧小平を抜擢していた。鄧小平は第一副首相、共産党副主席として実務を切り回していたが、江青ら「四人組」は工業と農業の生産力重視の鄧小平のやり方を資本主義復活につながると批判、毛沢東主席もこれに同調した。

こうした中で周恩来首相が亡くなり、鄧小平は後ろ盾を失った。日本の彼岸のように祖先の墓参りをする祭日である清明節《せいめいせつ》の4月5日に、四人組への不満を爆発させた民衆と警官らが北京の天安門広場で衝突、多数の負傷者が出た。党中央政治局はこれを反革命事件と断定し、鄧小平を黒幕と決めつけて解任した。鄧小平の三度目の失脚である。

その後は華国鋒が共産党のトップに座るが、四人組への不満はくすぶり続け、毛沢東主席が亡くなると、一カ月足らずで今度は四人組が失脚した。軍の長老である葉剣英《ようけんえい》国防相が華国鋒と組んで、四人組を逮捕した。

華国鋒は毛沢東の遺言として「あなたがやれば、私は安心だ」を持ち出して、毛沢東路線の後継者としての自らの正統性を主張。そのために、「毛主席の決めたことはすべて断固として擁護しなければならない。毛主席の出した指示はすべて変わることなく遵守《じゅんしゅ》しなければならない」という「二つのすべて」をスローガンに掲げた。

しかし、翌七七年には軍や官僚の支持を受けた、もう一方の実力者、鄧小平の復活を受け入れることになる。鄧小平は政策面と理論面で毛沢東の影響を薄めていく。鄧小平との権力闘争に敗れた華国鋒は八一年6月には党主席を辞任。毛沢東の後継者は政治の表舞台から姿を消していった。

17 日中平和友好条約（1978）

日中関係を正常化した七二年9月の日中共同声明では、両国政府は「両国間の平和友好関係を強固にし、発展させるため、平和友好条約の締結を目的として、交渉を行うことに合意した」となっていたが、実際に条約が締結されるのは、七八年8月にずれ込んだ。

もう一方の超大国・ソ連との関係を見すえて、共同声明にもある反「覇権」条項をどう取り扱うかで、日中双方の合意がなかなか得られなかったためである。

七二年2月の米中間の上海コミュニケと同年9月の日中共同声明では、ともに「いずれも、アジア・太平洋地域において覇権を求めるべきではなく、このような覇権を確立しようとする他のいかなる国あるいは国の集団による試みにも反対する」とうたっており、これが反「覇権」条項とされる。

中国は冷戦時代を通じて、米国とソ連の拡張主義を「覇権主義」と批判してきたが、次第にソ連を主要な敵と見なして、対ソ包囲網を形成しようとする。特に、六八年のソ連のチェコスロバキアへの軍事侵攻、六九年の珍宝島（ダマンスキー島）での中ソ国境部隊の衝突を経て、ソ連への警戒を強めた。その流れの中で、米国と日本との関係改善を進めて、まず上海コミュニケでソ連をにらんで、米中がともに覇権を確立しようとする国や国の集団の試みに反対することを明記した。

日中共同声明の内容も、上海コミュニケの反「覇権」条項を踏襲するものだった。当然ながら、ソ連は反覇権条項を自らを敵視したものとして反発した。このため、日本政府はソ連との関係悪化を懸念して、この条項を平和友好条約にも盛り込もうとする中国との間で摩擦を生んだ。中国は日本に対し、「ソ連社会帝国主義の脅威」を前面に出して条約本文に反覇権条項を入れるよう迫った。

さらに、日中双方の内政問題が七四年11月に始まった条約交渉の進展を遅らせた。日本では、国交正常化を実現した田中角栄首相が、交渉が始まった直後の七四年12月に金権問題で退陣。後任の三木武夫首相が交渉を引き継いだが、七六年2月に田中前首相がからむロッキード事件（米国ロッキード社製の航空機の輸入を巡る贈収賄事件）が発覚し、日本の政界は大きく揺れた。小派閥の三木政権は日中交渉をまとめられるほどの政権基盤を持っていなかった。

自民党内の「三木おろし」の倒閣の動きを経て、七六年11月、福田赳夫《たけお》内閣が発足する。

一方の中国では文化大革命による権力闘争が続き、七六年には国交正常化を実現させた周恩来首相と毛沢東主席が相次いで死去した。同年には実力者の鄧小平《とうしょうへい》も失脚した。中国では外交どころではない状態が続いた。

その鄧小平は翌七七年7月に再び復活する。中国側は七八年3月に条約交渉の再開を持ちかけた。福田首相はこれを受け入れ、日中双方の外交当局者が7月から北京で交渉に入った。そして、最終的には園田直外相が七八年8月に訪中して、交渉をまとめた。日中関係では、田中角栄の功績が日中国交正常化なら、福田赳夫の功績は日中平和友好条約の調印である。

条約の第2条は「両締約国は、そのいずれも、アジア・太平洋地域においても又は他のいずれの地域においても覇権を求めるべきではなく、また、このような覇権を確立しようとする他のいかなる国又は国の集団による試みにも反対することを表明する」となっている。共同声明との違いは「又は他のいずれの地域においても」と、地域を全世界に拡大したことである。

さらに、日本の要求で第4条に「この条約は、第三国との関係に関する各締約国の立場に影響を及ぼすものではない」という第三国条項を盛り込んだ。日本側は第2条の反覇権条項が反ソ連を意味するものではないことを、何とか条約本文に明記しようとしたのである。

1978年（昭和53年）10月23日　月曜日

朝日新聞　夕刊

日中平和友好条約が発効

真の善隣関係へスタート

両外相、批准書を交換

天皇陛下、鄧氏と会見

不幸な歴史に終止符打つ

アジア平和に寄与

福田首相・鄧副首相あいさつ

意義・効果では微妙な

円が新高値

一時181円70銭

ソ連大使は招かれず

首相訪中を正式に要請

人あり、鉄あり、未来あり

朝日新聞1978年10月23日付け夕刊１面。写真は「署名後、批准書を交換する園田直外相（中央・右）と黄華外相（同左）、拍手する福田赳夫首相（右端）と鄧小平副首相（左端）」。

その下の写真は、批准書交換式の後、鄧小平副首相が皇居を訪問、天皇、皇后両陛下と会見、そのあと天皇主催の午餐会に臨んださいのもの。左より、昭和天皇、卓琳夫人、皇后陛下、鄧小平副首相。記事には、「鄧副首相を迎えて、天皇は『よくいらっしゃいました。お目にかかれてうれしく思います』と手を差し出して固い握手を交わされ、鄧副首相も『お招きを感謝します』とにこやかに来日のあいさつをした。日中両国に長く続いた不幸な時代に終わりを告げるような歴史的な瞬間だった」と書かれている。

（紙面は朝日新聞社提供）

こ の条約の批准書の交換のために七八年10月に来日したのが、鄧小平・第一副首相だった。批准書の交換式は10月23日に行われた。交換式の後で鄧小平は昭和天皇と会見した。

昭和天皇は、この席で「両国間には非常に長い歴史があり、その間には一時、不幸な出来事もあったけれども（鄧副首相の）お話のように過去のこととしてこれからは長く両国の親善の歴史が進むことを期待しています」と発言。「天皇陛下が『一時、不幸な出来事』と短い言葉ながら、日中関係の過去について中国の指導者に語られたのは初めてのことである」（『朝日新聞』七八年10月24日）とされた。

鄧小平は滞在中に初体験の東海道新幹線にも乗った。「後ろからムチで打たれて追いかけられているような感じだ」「私たちが今、必要としているのは、早く走らねばならないということだ」と、感想をもらしたそうだ。さらに、日本の製鉄所や自動車工場なども見学した。

鄧小平は、日本からの帰国後の七八年12月の中国共産党第一一期中央委員会第三回総会（一一期三中全会）で、改革・開放路線への転換を宣言する。彼の短い「日本経験」も改革・開放政策に役立ったのかもしれない。

ニュースの単語帳

覇権《パーチュワン》

中国の『現代漢語詞典』（商務印書館）には「国際関係において、実力によって他国の行為を操作したり支配したりすること」とある。支配権のことで、英語ではヘゲモニーとなる。

ちなみに、「覇王別姫《パーワンビエチー》」は、京劇などでも有名な演目で、楚《そ》の項羽《こうう》（覇王）が、漢の劉邦《りゅうほう》に攻め込まれ、包囲した漢軍の中から聞こえてくる四面楚歌《そか》の中で、楚軍はすでに漢に降《くだ》ってしまったのかと思い、もはやこれまでと愛する虞姫《ぐき》を斬る別れの名場面である。近年は、陳凱歌《ちんがいか》監督の映画「さらば、わが愛／覇王別姫」でも知られている。

18

米中国交正常化（1979）

一九七二年2月のニクソン大統領の訪中によって、米中関係は改善された。ただ、同年9月の田中首相の訪中のように、米中間は訪中即国交正常化とはならなかった。

米国では、七四年8月にニクソンがウォーターゲート事件（政敵の民主党本部に盗聴器を仕掛けた）の発覚によって退陣。一方、中国では、七六年に周恩来、毛沢東が相次いで死去するなど、米中ともに内政が混乱したこともあって国交正常化は先送りされた。

米中の国交正常化交渉はカーター政権下の七八年になって本格化した。米中ともソ連への対抗上、互いに関係改善を求めていた。中国は、米国との国交正常化によって経済関係などを強めることを狙った。米国としても巨大な中国市場への足がかりをつかむことを求めていた。こうした双方の要求が一致して、同年12月に共同コミュニケが発表され、七九年1月1日に国交が樹立された。

米中国交正常化にあたっても、台湾問題が重要なカギになった。共同コミュニケでは、米国は

「中国はただ一つであり、台湾は中国の一部であるという中国の立場を承認する」として、中国の立場への理解を示した。

国交正常化を受けて、鄧小平《とうしょうへい》副首相が七九年1月から2月にかけて訪米した。その後、趙《ちょう》紫陽《しよう》首相が八四年1月に訪米、米国からはレーガン大統領が同年4月から5月にかけて訪中、李先念《りせんねん》国家主席が翌八五年7月に訪米、八九年2月にはブッシュ（父）大統領が訪中するなど、首脳の相互訪問が続き、米中関係は深まっていった。ただ、八九年6月の天安門事件によって、その関係も一時冷え込むことになる。

米国は台湾（中華民国）との政府間の関係は断絶したが、経済、文化などの非政府間の交流は維持した。これに伴い、五四年に結ばれた米華相互防衛条約も終了し、七九年4月には台湾に駐留する米軍が撤退した。その後の米台関係を規定するものが、七九年4月に大統領が署名し、同年1月にさかのぼって発効した、米国の国内法である台湾関係法（Taiwan Relations Act）だ。

この台湾関係法で、米国は「平和的手段以外によって台湾の将来を決定しようとする試みは、西太平洋地域の平和と安全に対する脅威であり、重大な関心事と考える」と表明。軍事面では「防御的な性格の兵器を台湾に供給する」と約束している。現在の台湾軍の装備は、パトリオットミサイル、M60戦車、F16戦闘機、キッド級駆逐艦など、その大半が米国製兵器である。

米国は台湾関係法によって、断交後の台湾との安全保障面も含む実質的な関係を保証した。同種の法律のない日本と台湾との関係との違いである。

ニュースの単語帳

同舟共済《トンチョウコンチー》

冷戦時代の対立と相互不信の関係を経て、関係正常化から三〇年たった中国と米国は戦略的パートナーともいえる関係になった。

中国の貿易の三大パートナーは、欧州連合（EU）、米国、日本である。〇八年の米国との貿易は総額三三三七億ドルで、対前年比10・5％増。中国からの輸出二五二三億ドル、同8・4％増に対し、米国からの輸入は八一四億ドル、同17・4％増。中国の貿易黒字は一七〇九億ドルと巨額なものとなり、通商摩擦の一因となるまでになった（中国・税関総署統計）。

〇九年1月に発足したオバマ政権で国務長官になったヒラリー・クリントンは、2月の初の外遊先として日本とインドネシア、韓国、中国を選んだ。クリントンはアジア歴訪に先立ち、ニューヨークで「米国とアジアの関係――我々の未来に欠かせないもの」と題した政策演説を行った。

米中関係の重要性を説いたクリントンは「同じボートに乗っている時は、仲良く川を渡らなければならない」という中国の故事を紹介した。

これは、『孫子《そんし》兵法』の呉越同舟のくだりに出てくる話。

《夫呉人与越人相悪也、当其同舟而済遇風、其相救也、如左如右。》

《それ呉人《ごひと》と越人《えつひと》相悪《あいにく》むも、その舟を同じくして済《わた》り風に遇《あ》うに当たりては、その相救《あい》うや左右の手の如し。》

中国語でこれを短くすると、「同舟共済」＝舟を同じくして共に済《わた》る、となって、利害が同じ者が互いに助け合うたとえになる。

百年に一度とも言われた経済危機の中で船出したオバマ政権にとって、今や世界最大の外貨準備を誇り、おまけにその大半を米ドルで保有する中国は、まさに同じ舟に乗っている「相悪む人」になっていた。このため、クリントンも中国に協力を求めたわけだ。

そのクリントンを北京で迎えた温家宝《おんかほう》首相は、「よく勉強してきましたね」と言わんばかりに孫子の話を引き取って、「中米両国は『同舟共済』だけでなく、さらに『携手共進《シエショウコンチン》』＝手を携えて共に進むべきだ」と応じた。経済の失速を恐れる中国にとっても、米国経済の復活が何より必要なのだ。「一緒にやりましょう」というメッセージである。

この話にはなお前段があって、〇六年4月にワシントンでブッシュ（ジュニア）大統領と会った胡錦濤《こきんとう》国家主席が『孫子兵法』を贈っているのだ。まさに、孫子が「彼を知り、己を知れば、百戦危うからず」という通りだ。

日中間のやり取りでは久しく聞かなくなった、中国の古典の効用である。

19 改革・開放と鄧小平（1978～）

中華人民共和国建国六〇年の歴史は、前半の「毛沢東と文化大革命の時代」と後半の「鄧《とう》小平《しょうへい》と改革・開放の時代」に大きく分けられよう。

継続革命論というイデオロギーを前面に人民中国をリードした「建国の父」毛沢東に対し、鄧小平は「白い猫でも黒い猫でも、ネズミを捕るのが良い猫だ」という有名なたとえ話に代表される現実主義者として、社会主義中国の近代化に取り組んだ。中国では「改革・開放の総設計師」とも呼ばれる。

鄧小平（トン・シアオピン）は一九〇四年8月に四川《しせん》省の地主の家に生まれる。青年期にフランスに渡り、工場で働きながら学ぶ（「勤工倹学」）。二四年に共産党に入る。フランスではやはり「勤工倹学」していた六歳年上の周恩来の指導を受け、宣伝活動に携わる。フランスに五年半、モスクワに一年足らず滞在した。

帰国後は上海での党活動を経て、紅軍に加わる。長征《ちょうせい》を経て、軍の政治委員などを務め、軍事指導者としても活躍した。

建国後は副首相や党中央総書記を務める。五〇年代には毛沢東の指示を受けて反右派闘争や大躍進を推進する。その後の経済調整政策では先述の「白猫黒猫論」を唱え、毛沢東とは違う現実主義的立場に立つ。中ソ論争では、代表団長としてソ連共産党と渡り合った（53ページ参照）。

文革では、劉少奇《りゅうしょうき》に次ぐ実権派ナンバー2とされ、失脚した。しかし七三年に副首相として復活。国連総会で「三つの世界論」（米ソを第一世界、先進国を第二世界、発展途上国を第三世界と位置づけた、中国の国際政治観）を唱えて、国際舞台でも注目を集めた。周恩来首相と共に文革の混乱収拾にあたったが、江青《こうせい》ら四人組との対立が激化し、七六年1月の周恩来の死去と第一次天安門事件を経て、再び失脚した。しかし、同年9月の毛沢東の死去と10月の四人組逮捕を経て、七七年7月に再び復活する。

文革後、中国の「歴史的転換点」とされるのが、七八年12月に開催された共産党第一一期中央委員会第三回総会（一一期三中全会）である。鄧小平は総会とそれに先立つ中央工作会議を主導し、会議での演説「思想を解放し、実事求是《じつじきゅうぜ》（事実に基づいて真理を求める）の態度をとり、一致団結して前向きの姿勢をとろう」は、改革・開放路線を方向付ける基調演説となった。毛沢東時代の社会主義の計画経済から脱して、経済改革と対外開放によって経済成長をめざすものである。

まず取り組んだのが、農村の改革である。八〇年代前半には、毛沢東時代の象徴だった人民公社を解体し、個々の農家に生産を請け負わせる戸別請負制を導入。農民の生産意欲を高めた。

続いて、都市部の商工業や企業の改革にも着手し、社会主義の計画経済に資本主義の商品経済の要素を取り込んでいった。企業の経営部門から党官僚が担う行政部門の切り離し（政企分離）にも取り組み、企業の自主的経営の実現をめざした。

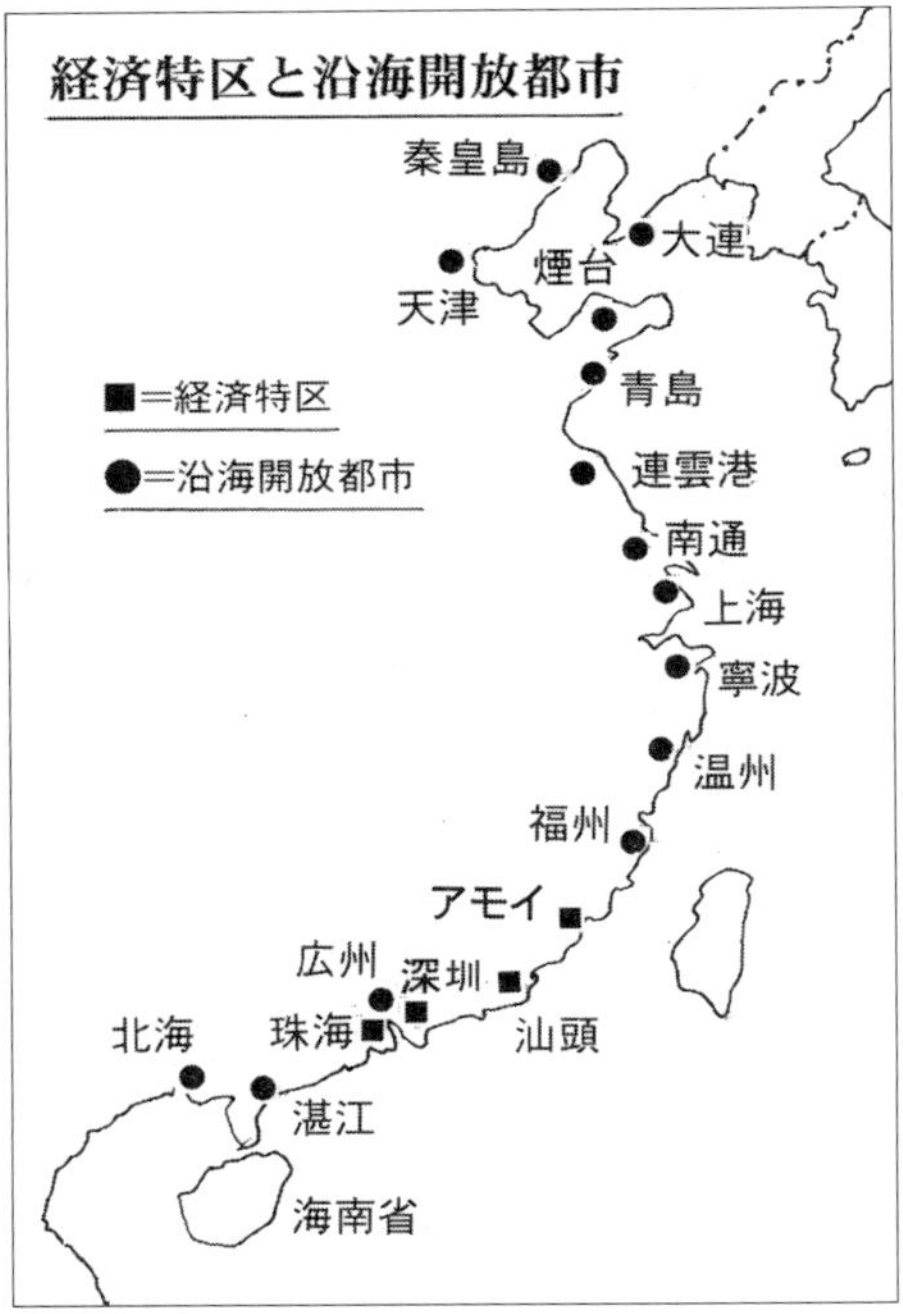

さらに、経済成長の資金を調達するために、積極的な対外開放を進めた。七九年から八〇年にかけて、広東《カントン》省の深圳《しんせん》、珠海《しゅかい》、汕頭《スワトー》、福建省の廈門《アモイ》の四つの地区を「経済特区」にして、海外からの投資を呼び込む法整備を行った。経済特区は輸出加工区のようなもので、中国はこの対外窓口を通じて資本主義の生産方式とビジネスを学んだ。経済特区には、八八年に海南《かいなん》省も加えられる。

また、八四年には大連《だいれん》、天津《てんしん》、上海などの沿海一四都市を沿海開放都市にして、貿易や投資に関する自主権を与えた。こうした、開放政策に応じて、香港や海外の華僑・華人資本が積極的に中国に投資した。

鄧小平の改革は分権化と市場経済の試験的導入によって、農民や労働者のやる気を引き出す現実路線であった。これに加えて、毛沢東時代の「平均主義」（機械的平等主義）に別れを告げて、条件のある者や地方から先に豊かになり、豊かになった者が経済的に遅れた者を引っ張っていくという「先富論」を打ち出したのが大きな特徴だ。

この間、鄧小平は最高実力者としての地位を固め、党務は胡耀邦《こようほう》総書記に、経済政策は趙紫陽《ちょうしよう》首相に任せた。

た

だ、鄧小平は経済面では改革・開放を進めたが、政治面では保守的で、特に共産党の独裁体制についてはかたくなにそれを守った。七九年3月の演説「四つの基本原則を堅持しよう」に端的にそれが表れている。「四つの現代化（農業、工業、国防、科学技術の近代化）を実現するには、思想面、政治面で四つの基本原則を堅持しなければならない」としている。四つの基本原則とは、①共産党の指導、②社会主義の道、③人民民主主義独裁、④マルクス・レーニン主義、毛沢東思想、である。

早くも七九年には、「五つ目の現代化」として民主化を求めた活動家の魏京生《ぎきょうせい》を弾圧（西単《シータン》民主の壁事件）。さらに、八九年の民主化運動の武力鎮圧（第二次天安門事件）へとつながる。

天安門事件の後、一時停滞した経済成長にハッパをかけるために、鄧小平は九二年に老体にムチを打って、深圳や珠海などの南部の経済特区や沿海開放都市を視察し、「大胆にやれ」「チャンスを逃すな」と訴えた（南巡講話）。改革・開放への遺言ともなった。

取材ノートから

「『鄧小平氏、90にしては元気』中国の〝皇女〟鄧榕さんの旅」

こんな見出しの記事が九五年2月18日の朝日新聞夕刊一面に載った。書き出しはこうだ。

「中国の『最後の皇帝』、鄧小平氏の健康問題に世界の目が集まる中、三女の鄧榕《とうよう》さん（四五）が三日から、フランス、アメリカを訪ねる十九日間の旅を続けている。著書『わが父、鄧小平』の翻訳版宣伝の旅だ」

この読み物を書いたのは、当時シンガポールに駐在していた私だが、なぜか発信地は米ニューヨークになっている。私は彼女の〝追っかけ〟よろしく、シンガポール↓パリ↓ニューヨーク↓

ロサンゼルス→シンガポールと回り、やはり19日間で世界を一周してしまったのである。随分と優雅な取材のようだが、これにはちょっとした訳があった。当時、鄧小平は九〇歳。さすがの彼にも健康不安説が飛び交い、重体だ、入院しただのといううわさが消えなかった。

そんな時、朝日新聞に「特ダネ」が飛び込んで来た。「鄧小平が死んだ。だが、春節（旧正月）と重なったので、発表は春節明けに延ばす」

海外の特派員にも情報が流され、それぞれが確認に追われた。私も何人かに電話してみたが、「これは」という情報はつかめなかった。東京の編集局では、「鄧小平死去」の紙面も組み上がっていたが、確認がとれないまま結局見送ることになった。

そこで、お鉢が回ってきたのが私である。鄧小平の娘がフランスとアメリカを訪問するので、「彼女をウオッチしろ」という出張命令である。父親にもしものことがあれば、娘は中国に戻るはずだというのだ。

そもそも、いくら「竹のカーテン」と言われた中国でも、鄧小平の死去をそんなに隠せるものなのか？　常夏のシンガポールから真冬のパリとニューヨークへと、首をかしげながらの風邪気味の長旅が続いた。

パリからニューヨークに向かう彼女のエールフランスのフライトが分かった。超音速旅客機コンコルドだったが、東京は「箱乗り」取材を認めてくれた。

鄧榕さんは一人娘と二人で乗り込んできた。彼女がトイレから出てきたところで、通路で話しかけると、さすがにぎょろっと目をむいて驚いた様子だった。

「我是一個《ウォーシーイーガ》パッセンジャー」（私はただの乗客だから）

彼女は英単語を交えた中国語で答えると座席に戻った。取材はあっけなく断られてしまった。

その時、私の手に冷たいものが飛んできたのを覚えている。取材のことはともかく、トイレの後はしっかり手を拭いてもらいたいものだと、つまらないことを考えていた。

*

鄧小平は、それから二年ほど長生きした。本当に亡くなったのは、九七年2月19日。九二歳だった。

その夜、私は東京の編集局にいた。職場は「鄧小平死亡か」の情報を受けて色めき立っていた。今度もなかなか確認がとれない。

ざわつく中で、北京のディープスロート（情報提供者）が電話をくれた。

「彼のことを調べなさい。それだけ言えば分かるでしょう」

私は「謝謝《シエシエ》、再見《ツァイチエン》」（ありがとう、さようなら）とだけ言って、電話を切った。

20

中越戦争（1979）

ベトナム戦争では、北ベトナムと南ベトナム解放民族戦線を中国とソ連が支援して、南ベトナムと超大国アメリカに立ち向かった。

対立を続けた中国と米国は、一九七二年2月のニクソン大統領の訪中によって関係を改善する。だが、その結果として同じ社会主義の陣営に属した中国とベトナムが七年後には相戦うことになる。七九年2～3月に起きたのが、中越国境での武力衝突である。

朝鮮戦争が毛沢東の戦争だったとするなら、中越戦争は鄧小平《とうしょうへい》の戦争だった。改革・開放政策を始めた鄧小平は、この戦争を通じて最高実力者としての威信を高めた。

中国はこの戦いを「ベトナム侵略者が当然受けるべき懲罰」と呼んだ。近代以前は朝貢《ちょうこう》関係によって、中国に服属していたベトナムを「懲《こ》らしめる」というわけで、中国共産党の歴史観がよく表れた表現である。（朝貢関係というのは、近代以前の東アジアでは、中華帝国の周辺の小国の王は中国皇帝に貢《みつ》ぎ物を贈ることでその王の地位を保障され、あわせて先進国・中国との貿易に

(1)　13版　朝日新聞　1979年(昭和54年)2月18日　日曜日　33462号　(日刊)

朝日新聞

中国軍が対越大規模攻撃

国境全域、十数キロ侵攻

数個師団を投入

戦闘機・戦車も出動

ハノイ放送

反撃作戦の一環

中国党中央決定

国連に介入要請

ソ連にも支援呼びかけ

ベトナム

神の革命　イラン　>6<

旧体制

続く秘密警察狩り

"国王安住の地"いずこ

ベトナム外務省声明

「足切り」大幅に減る

文部省調べ　東大・筑波も中止

たばこの害、年間一兆円の試算

日曜版

天声人語

朝日新聞1979年２月18日付け朝刊１面。同じ社会主義国で、ベトナム戦争では北ベトナムを支援、勝利に貢献した中国が、そのベトナムに侵攻したことは世界中を驚かせた。

なお同じこの２月には、紙面の左側に「神の革命・イラン」の連載記事にあるように、イランでイスラム革命が起こり、親米のパーレビ政権が打倒された。そのあと11月にはテヘランの米大使館がイスラム学生によって占拠され、人質が拘束される事件が起こる。以後、イランと米国との険しい対立は今日にまで及んでいる。

（紙面は朝日新聞社提供）

よる利益を得ることができた。朝貢—冊封《さくほう》関係である。朝鮮、琉球などと並んでベトナムもその一国だった。）

中　国はベトナム戦争では、武器・弾薬などの後方支援を行い、工兵部隊や高射砲部隊を派遣している。「中国共産党中央の対ベトナム自衛反撃・国境防衛戦闘に関する通知」（七九年2月14日）では、ベトナム戦争について「わが国人民はベトナムの抗仏抗米戦争の間、ベトナム人民の解放事業のために天下周知の民族的犠牲を払った」として、この間の死傷者の存在も認めている。

ベトナム戦争では、六四年に始まる米軍機による北ベトナム爆撃（北爆）に対し、六五年からは南ベトナムの解放民族戦線に加え、北の人民軍が直接に介入することになる。ゲリラ戦を中心とする戦闘は泥沼化し、米軍は劣勢に回り、世界的な反米・反戦運動も広がった。これを受けて、六九年からは米国と南ベトナム政府、北ベトナム政府と解放戦線の四者会議がパリで始まった。さらに、ニクソン米大統領は米軍撤退と南ベトナム軍の強化を柱とするグアム・ドクトリンを発表し、米軍は七〇年から撤退を始めた。

一方で、米軍は解放戦線への補給ルートを断ち南ベトナムの後方を安定させるために、カンボジアとラオスに戦線を拡大したが、作戦は失敗に終わった。

こうした中での七二年の米中関係改善を、北ベトナムは中国に裏切られたとの思いで迎えた。米国は中国との関係改善を経て、泥沼のベトナム戦争から手を引き、七三年1月に南北ベトナムの存続を前提にして、米軍の撤退を主な内容とするパリ和平協定が調印された。だが、北ベトナムと解放戦線はその後も攻勢を強め、七五年4月には南ベトナムの首都サイゴンが陥落して、南ベトナム政府は降伏。ベトナム戦争は終わった。翌七六年7月に南北ベトナムは統一し、ベトナム社会主義共和国が樹立された。

統一されたベトナムでは社会主義的経済建設によって、経済の国有化が進められた。これによって、七六～七八年にかけて経済の実権を握っていた大量の華僑・華人が国外に難民として逃げ出すことになった。米国との関係を改善した中国に対する、ベトナムの民族的反発が華僑らに向けられたということもあった。

一方、隣国カンボジアでは左派のクメール・ルージュを中心に、七六年1月には民主カンボジアが成立。中国は、この民主カンボジアのポル・ポト政権を支援していた。ところが、このポル・ポト政権は中国式の急速な農村の集団化を進め、住民の大量虐殺を行うなどの問題を引き起こした。これが、七九年以降の内戦の引き金になる。

ベトナム華僑の追放・迫害やカンボジア問題、さらに国境地帯での衝突から、中国はベトナムへの反発を強め、七八年7月には経済・技術援助の全面停止と中国人技術者の引き揚げを通告した。このため、ベトナムはソ連に接近し、七八年6月にコメコン（共産圏経済相互援助会議）に加盟、11月にはソ越友好協力条約を締結した。さらに、カンボジアとの間に領土問題も抱えていたベトナムは12月にはカンボジアに侵攻し、ポル・ポト政権を倒した。翌七九年1月には、ベトナム寄りのヘン・サムリン政権ができる。

この時期、中国では七八年12月に鄧小平が改革・開放政策への舵《かじ》を切った。翌七九年1月には米国との国交を樹立し、鄧小平自らが訪米する。

鄧小平は内外の足場を固めたうえで、「ソ連社会帝国主義の手先」のベトナムへの「懲罰」に乗り出す。ベトナムの北部は中国と国境を接している。中国軍は2月17日、約一〇万人の兵力で、ベトナムに侵攻した。しかし約一カ月後の3月15日、国境地帯の主要な都市を制圧した後、「懲罰」の目的は果たしたとして撤退した。

中国軍の撤退後にベトナム国防省が発表した戦果をまとめた声明では、中国軍で戦闘能力を奪われた者は六万二五〇〇人、重大な損害を受けた部隊数は三個連隊、一八個大隊、破壊された軍用車は五五〇台などとなっている。

一方、中国側では、伍修権《ごしゅうけん》・軍副総参謀長が5月に訪中したフランス軍事代表団に明らかにした数字がある。中国軍の死傷者は二万人、ベトナム軍の五万人が戦闘不能になった。双方が動員した兵力は中国軍二〇万人、ベトナム軍一〇万人だった。

最近の研究でも、中国軍の死者は一万数千人と見られている。中国軍は国境地帯の雲南《うんなん》や広西《こうせい》の国境守備部隊を主体に、朝鮮戦争以来の伝統的な「人海戦術」を展開。これに対し、ベトナム軍は米国相手に戦った精鋭がゲリラ戦も交えて対抗した模様だ。

軍事的には中国軍の損害の方が大きかったといえよう。中国は軍の近代化の遅れを実戦を通じて教えられた。

北京大学の中国外交史の専門家は中越戦争について、こんな評価を下している。当時の中国指導部は華国鋒《かこくほう》党主席、葉剣英《ようけんえい》党副主席らの多数が問題の交渉による政治的解決を求めており、戦争の決断は鄧小平が一人で下した。鄧小平は直前の訪米で米国に開戦のシグナルを送り、中国がベトナムの背後にいるソ連と対決することを米国に表明したのが中越戦争だった。鄧小平は自らの政治的目的を達成したが、その代償として中越双方の多くの生命が犠牲になった。

また、七八年冬から七九年春にかけて、第五の近代化としての民主化を求めて、「北京の春」の運動を担った魏《ぎ》京生《きょうせい》が、中越戦争に関する中国軍の情報を外国の記者に漏らした容疑などで逮捕されている。鄧小平の強面《こわもて》の一面が出た動きだった。

さて、武力衝突を経た中越関係だが、ベトナムも経済重視のドイモイ（刷新）政策に転じ、八九年には中国とソ連の関係が改善し、ベトナムがカンボジアから撤退したことで改善に向かい、ようやく九一年11月に関係が正常化する。

ただ、この中越戦争、中国の中学校の歴史教科書（例えば『中国歴史』人民教育出版社）では触れられていない。中国では、なかったことにされようとしている戦争であることの証左の一つである。

21 教科書問題（1982～）

日中国交正常化から一〇年たった一九八二年。経済関係は順調に発展していたが、その後の日中間の摩擦の種になる教科書問題が起きた。

ことの発端は、八三年度の高校の歴史教科書に対する文部省の検定結果について報じた、6月26日の新聞各紙の朝刊の記事だった。各紙は、文部省の教科書調査官が検定によって「日本軍が華北を侵略すると…」を「日本軍が華北に進出すると…」に、「中国への全面侵略」を「中国への全面侵攻」に、それぞれ書き換えさせたなどと報じた（傍点は引用者。後に一部は誤報だったことが判明するが、それについては後述する）。

ちなみに、『朝日新聞』は一面トップで扱い、見出しは「教科書さらに『戦前』復権へ／文部省高校社会中心に検定強化／『侵略』表現薄める／古代の天皇にも敬語」。記事は「昨年（一九八一年）は、自民党と官・財界、一部学者らによる『偏向』キャンペーンに沿って社会科の『現代社会』が極めて『統制色』の強い検定にさらされたが、今年も社会科を中心に『偏向』批判の論理がさらに徹底して貫かれた」という書き出しで、文部省の姿勢を批判。解説では「国民意識統合ねらう／『検定の密室化』も着々」と位置づけている。戦後民主主義の否定に傾いていきそうな当時の風潮を強く意識したものだった。

一連の報道について、中国の国営・新華社通信や共産党機関紙『人民日報』は「文部省の検定は、日本の中国侵略を粉飾するため歴史を歪曲したという声が強い」（新華社）などと批判的に伝えた。その後、海外の批判の声は韓国や台湾、東南アジアに広がった。

7月26日には、中国外務省が北京の日本大使館に対し、教科書の誤りを正すように要求。日本で報道された「進出」などへの書き換えや南京大虐殺についての表現について、「日本軍国主義が中国を侵略した歴史の事実について改ざんが行われている」と表明した。こうして教科書問題は、日中間の外交問題になってしまった。韓国政府も、三・一独立運動（朝鮮の独立を掲げた民衆運動。一九一九年3月1日に独立宣言書を発表）や戦時中の強制連行の記述について抗議した。

日本側は、歴史問題に関する政府の立場や教科書検定制度の内容を説明したが、中国側は文部省による教科書検定は日中共同声明と日中平和友好条約の精神に反しているなどと反発した。

政府・自民党には、中国や韓国からの記述訂正の要求に対し、「内政干渉だ」と反発する動きもあったが、最終的には両国との関係を重視して問題の収拾に向かう。国交正常化から一〇年を迎え、5～6月の趙紫陽《ちょうしよう》首相の来日に続き、9月には鈴木善幸首相の訪中が予定されていたことも、政府に教科書問題の収拾を急がせた。

宮沢喜一官房長官は8月26日に「歴史教科書についての談話」を発表し、教科書検定についての政府の統一見解を示し、記述の是正に応じる方針を明らかにした。

談話では、中韓両国との国交正常化にあたって、日本政府が示した過去への反省などの精神は「我が国の学校教育、教科書の検定にあたっても、当然、尊重されるべきもの」としている。

日本側から修正の方法などの説明を受け、中国側は「これまでの説明に比べて一歩前進している」として、これを受け入れた。外交問題としての教科書問題はひとまず決着し、鈴木首相は9月26日から中国を訪問した。

その後、文部省は11月、教科書の検定基準に「近隣諸国条項」を加えた。「近隣のアジア諸国との間の近現代の歴史的事象の扱いに国際理解と国際協調の見地から必要な配慮がなされていること」という項目である。この条項は、以後、中国や韓国が日本の教科書の内容を問題にする時の根拠にもなった。

こで、「侵略→進出」書き換えの誤報について説明しておこう。

官房長官談話を受けて日中間で折衝が続いていた9月上旬に、月刊誌『諸君！』と『週刊文春』に、今回問題にされた教科書には「侵略」を「進出」に書き換えた事実はなかったとする論文と記事が掲載された。

これに対し、『朝日新聞』は9月19日の「読者と朝日新聞」の欄で「『侵略→進出』今回はなし／教科書への抗議と誤報／問題は文部省の検定姿勢に」との見出しで、誤報の経緯を説明している。まず、問題になった記述は「検定前から『進出』『侵攻』であり、誤りであることがわかりました」と訂正。さらに、取材の難しさに触れて、文部省が検定した出版社の「原稿本」について「当該教科書の『原稿本』が入手できなかったこと、関係者への確認取材の際に、相手が『侵略→進出』への書き換えがあったと証言したことなどから、表の一部に間違いを生じてしまいました」と説明している。

そのうえで、「侵略ということばをできる限り教科書から消していこう、というのが昭和三十年ごろからの文部省の一貫した姿勢だったといってよいでしょう」として、文部省の検定姿勢に改めて疑問を投げかけている。

一方、『産経新聞』はこれに先立ち、誤報の原因について、文部省記者クラブに所属した各社が大量の検定の見本本を分担して取材して、その結果を持ち寄ったために、そのうち一社の間違った取材を他のすべての社が報じてしまったと説明している。

「誤報」のいきさつはともかくとして、この「侵略→進出」報道をきっかけにして、教科書問題は日本と中国や韓国、アジアとの間の歴史認識問題の象徴になってしまった。

八六年には、「日本を守る国民会議」が編集した高校教科書『新編日本史』が問題になる。国民会議は、従来の教科書が自虐的な歴史観に基づいているとして、日本人として誇りを持てるような教科書の編集をめざすとしていた。その内容に対し、同年6月に中国外務省が「中国人民とアジア人民の感情を傷つけた」と強い不満を表明し、宮沢談話などに基づいて内容の修正を求めた。

これに対して、当時の中曽根内閣は先の宮沢談話に基づいた教科書の修正を出版社側に求めた。その結果、南京大虐殺や満州国の記述が修正され、文部省は検定合格を決めた。中国側にはその経緯が説明され、問題は沈静化した。中曽根康弘首相は中国の胡耀邦《こようほう》共産党総書記とは個人レベルでも太いパイプがあり、教科書問題で中国や韓国との関係をこじらせたくなかったとみられる。

さらにこの後、二〇〇一年と〇五年には、「自虐史観の克服」を掲げる「新しい歴史教科書をつくる会」による教科書問題が起きる。つくる会が編集した『新しい歴史教科書』と『新しい公民教科書』（出版はともに扶桑社）が、〇一年4月に文部科学省の検定に合格した。これに対し、中国は「皇国史観を宣揚している」「侵略の歴史を美化している」などと抗議、内容の修正を迫った。韓国政府も修正を求めた。

これに対し、小泉純一郎首相は事実関係の誤り以外は修正に応じない方針を打ち出した。結局、専門家による再検討を経て一部の誤りを修正したが、中国と韓国から出されていた修正要求の大半は退けられた。ただ、つくる会の教科書を使う中学校は、全体の〇・〇四七％にとどまった。

つくる会の歴史と公民の教科書は、〇五年の検定にも合格して再び問題化した。4月に中国外務省は日本側に抗議して、「日本の右翼勢力が捏造した歴史教科書」への「効果的な措置」を求めた。しかし、中国側の対応は四年前よりは抑えたものに終わった。つくる会の教科書の需要が少ないことがはっきりしたことも、中国側の対応に影響したようだ。前回よりは増えたものの、今回の歴史教科書の採択率は〇・四％にとどまった。

戦後六〇年を迎えたこの年には、日本の国連安保理常任理事国入り問題や東シナ海の油田開発問題、小泉首相の靖国神社参拝問題などによって、中国では各地で反日デモが起き、日中関係は最悪になった。そうした中で、教科書問題でさらに関係を悪化させたくない中国側の思惑もあったようだ。ただし、教科書問題の火種はいまもまだ残ったままである。

つくる会の歴史教科書は〇九年8月の採択で、これまでの東京都杉並区や都立中高一貫校につづき横浜市18区のうち8区の市立中学での採用（三万九千部）が決まり、採択率は一％となった。

22
靖国神社参拝問題
（1985〜）

東

京都千代田区の九段坂を上っていくと、靖国神社の大きな鳥居が目に入ってくる。毎年、終戦記念日の8月15日にはさまざまな思いの人が汗をかきながら、この坂を上る。

一八六九（明治二）年に明治天皇の発議で、戊辰《ぼしん》戦争の「官軍」戦死者らをまつるために招魂《しょうこん》社がつくられた。その後、靖国神社と名を変えて、日清戦争や日露戦争、アジア太平洋戦争の戦死者がまつられた。戦前の国家神道の時代には陸軍省と海軍省が所管した。戦後は国家の管理を離れて宗教法人となった。

戦後も春と秋の例大祭などには、天皇陛下や首相、閣僚が参拝していたが、首相の参拝が中国や韓国との間で政治問題化するのは、一九八五年8月15日の中曽根康弘首相の公式参拝からである。

それまでも首相らの参拝については、政治と宗教活動を分ける政教分離の観点から、憲法に違反しているとの批判があった。これに対し、官房長官の諮問機関である「閣僚の靖国参拝問題に関する懇談会」が、八五年8月に公式参拝を容認する報告書をまとめた。これを踏まえて、政府は公式参拝を合憲とする立場を表明した。そして、中曽根首相は戦後四〇年の年に、内閣総理大臣としては初めて公式に参拝した。

中国外務省は、この参拝の前日の8月14日には「軍国主義の大きな被害を受けた中日両国人民を含むアジア各国人民の感情を傷つけることになろう。靖国神社には東条英機ら戦犯もまつられているからである」として、反対の態度を明確にしていた。中国側は特に東条らA級戦犯の問題を重大視していた。

A級戦犯一四人は七八年10月に靖国神社に合祀《ごうし》された。ただ、この事実が報道されたのは、翌七九年4月になってからである。

昭和天皇は五二年から七五年までに七回にわたり参拝している。だが、天皇の靖国神社参拝が憲法に触れるかどうかが政治的に問題になり、これにA級戦犯の合祀問題が重なったことも影響したためか、天皇はそれ以降は参拝していない。こうした中で、日本遺族会などは首相の公式参拝を求めていた。

中曽根首相の参拝は中国の批判を招いた。8月下旬には国営の新華社通信が論評で参拝を非難。姚依林《ようい りん》副首相は日本人記者団に対し、「A級戦犯もまつられている靖国神社に日本政府の一員が参拝したことは、各国人民の感情を傷つける」と語った。

さらに、満州事変が引き起こされた柳条湖事件の記念日の9月18日には、北京大学や清華大学の学生約千人が反日デモに立ち上がった。学生たちは「日本軍国主義打倒」「歴史の書き換え反対」「日本の経済侵略反対」などのスローガンを叫んだ。反日運動は10月にかけて、西安《せいあん》や成都《せいと》などの地方都市にも広がった。

当時の日中関係は、中曽根首相と胡耀邦《こようほう》共産党総書記との間の親密な関係もあって、青年交流などのパイプも広がって良好に見えたが、通商関係の拡大などから日本の存在感が大きくなることに対して、中国の若者たちの感情的な反発もあった。中国外務省は「日本の指導者は再び軍国主義の道を歩まないという約束を厳格に守ること」などを求め、学生の反日運動に理解を示した。

こうした中国の厳しい反発を受けて、中曽根首相は関係悪化を避けるために公式参拝の方針を変えて、翌八六年8月の公式参拝は見送ることにした。

後藤田正晴官房長官は8月14日に首相の公式参拝を差し控えるとする談話を出した。談話では靖国神社のA級戦犯合祀《ごうし》に言及し、「昨年実施した公式参拝は、過去における我が国の行為により多大の苦痛と損害を蒙った近隣諸国の国民の間に、そのような我が国の行為に責任を有するA級戦犯に対して礼拝したのではないかとの批判を生み……」との認識を示して、中国側の批判を認めた。

これによって、日本の首相による靖国神社への公式参拝は「一時休止」の状態になる。例外として、橋本龍太郎首相が九六年7月29日の自らの誕生日に参拝しているが、橋本首相は過去に日本遺族会会長などを務めた背景があった。

靖国問題を再び政治問題化させたのが、二〇〇一年4月に就任した小泉純一郎首相である。小泉首相は自民党の総裁選挙で、8月15日の靖国神社参拝を明言していた。このため、中国側は江沢民《こうたくみん》国家主席や唐家璇《とうかせん》外相が、8月15日の参拝は受け入れられないとして、事前に警告を発していた。

結局、小泉首相は対中関係に配慮して、二日前倒しして13日に参拝した。小泉首相は談話を発表し、「アジア近隣諸国に対しては、過去の一時期、誤った国策にもとづく植民地支配と侵略を行い、計り知れぬ惨害と苦痛を強いたのです」との認識を示したうえで、「戦争犠牲者の方々すべてに対し、深い反省とともに、謹んで哀悼の意を捧げたいと思います」とした。

しかし、すべての犠牲者への哀悼という小泉首相の思いと、A級戦犯が合祀された神社への参拝を問題にする中国側の批判が交わることはなかった。中国側は、8月15日という「敏感な日」を避けた点に「留意する」とはしたが、参拝に対しては「強い憤りと厳しい非難を表明する」ことになる。

小泉首相はその後、〇六年まで毎年一回、計六回参拝した。退任を控えた〇六年には総裁選の公約通り、8月15日に参拝した。この間、日中間の首脳の往来は先細りになり、外交関係は「政冷経熱」といわれるまでに冷え込んだ。

二○○四年8月に北京で行われたサッカー・アジアカップの日本と中国の決勝戦では、中国チームの敗戦に怒った中国のファンが暴徒化して、日本大使館の車を襲うなどの騒ぎが起きた。翌○五年4月には、日本の国連安保理常任理事国入りなどに反発する「反日」デモが各地で起き、北京の日本大使館や上海の日本総領事館が投石などで被害を受けた。双方の国民感情は最悪のレベルになった。

この間、中国では首脳の世代交代が進み、江沢民国家主席（共産党総書記）と朱鎔基《しゅようき》首相のコンビから、○二年11月に胡錦濤《こきんとう》が共産党総書記に選ばれ、翌○三年3月に国家主席に就任した。温家宝《おんかほう》首相との胡・温体制がスタートした。

江沢民国家主席は歴史認識をめぐる発言など、厳しい対日姿勢が目立った。これに対し、胡・温体制は対日関係を重視して関係改善をめざしたが、小泉首相の靖国神社参拝が続き、それが中国の世論の反日ムードや指導部内の対日強硬派を勢いづかせ、関係改善への道筋は描けなかった。

小泉首相の後継として、○六年9月に安倍晋三首相が就任する。安倍首相は翌10月には中国と韓国を歴訪し、関係改善への意欲を示した。日中双方は有識者による歴史共同研究を年内に始めることで合意した。日中共同プレス発表では、日本側が平和国家としての戦後の歩みを今後も継続する決意を強調したのに対し、「中国側は、これを積極的に評価した」と表明した。中国が、日本の平和国家としての歩みを文書で評価したのは初めてだった。

安倍首相とそれに続く、福田康夫首相、麻生太郎首相はいずれも靖国神社には参拝せず、靖国問題はひとまず落ち着いた。日本の首相は靖国神社には参拝しない。その代わりに中国は日本の平和国家としての立場を認める。双方のナショナリズムに火がつく前に、日中間では互いの国民感情を傷つけない形での「暗黙の了解」ができあがったようだ。

23
天安門事件（1989）

鄧小平の改革・開放政策によって経済体制の改革が進むにつれ、政治体制の改革への要求が学生や知識人、共産党内の改革派の中で広がっていった。

鄧小平の下では、ともに改革派の胡耀邦《こようほう》が党総書記、趙紫陽《ちょうしよう》が首相を務めていた。しかし、政治体制改革すなわち民主化の要求が、この指導体制のバランスを崩すことになる。八六年12月、安徽《あんき》省合肥《ごうひ》の中国科学技術大学で選挙制度改革を求める学生運動が起き、そこから全国に民主化要求の運動が広がった。胡耀邦はこの運動に同情的だったが、党内の保守派はブルジョア自由化につながると批判した。

胡耀邦は保守派から、学生運動を取り締まらなかったとして攻撃され、翌八七年1月に総書記を解任された。新しい総書記には趙紫陽首相が回り、首相には保守派の李鵬《りほう》副首相が昇格した。八七年10～11月に開かれた第一三回党大会で、趙紫陽は「社会主義の初級段階論」を打ち出した。中国の現状は社会主義の初級段階であり、生産力を高めるために経済体制の改革と政治体制の改革が必要だというのだ。

具体的には、共産党と行政機関や企業の職責を分ける「党政分離」「党企分離」を進めようというものだ。人事から行政の運用、国有企業の経営方針まで、何でもかんでも共産党が決める体制を改革して、党の指導を大きな政策の決定と幹部の人事に限定して、行政機関や企業の裁量権の拡大をめざした。広い意味での自由化である。

だが、ようやく始まった政治体制改革は経済の混乱を受けて挫折することになる。経済の自由化で成長が進むにつれ、許認可権などの権限を持つ官僚が私腹を肥やす、「官倒《コワンタオ》」＝官僚ブローカーがはびこることになる。自由化のすき間を狙って、そこから甘い汁を吸おうというわけだ。

さらに、統制経済から自由な経済に移行するために価格体系を自由化したものの、市場経済の未整備で価格決定のメカニズムが働かないなど、改革・開放のスピードアップによってマイナス面が目立ってきた。

八八年と八九年には物価の上昇が一五～一九％増を記録。計画経済の下で商品を選ぶ自由はないものの、物価だけは超がつくほど安定した社会に慣れていた市民にとっては耐え難いインフレとなった。こうした不満が、私腹を肥やす官僚や政治改革に慎重な指導部に向けられ、民主化を要求する学生たちへの同情につながった。

このころ、党指導部の内部では、政治体制改革にまで踏み込む改革積極派と、安定を重視する改革慎重派、ないしは保守派の対立が進んでいった。これに呼応するかのように、知識人や学生は改革派を支援する形で民主化を求める運動を展開していった。

情勢が緊迫する中、八九年4月15日、改革派の胡耀邦前総書記が急死する。飾り気がなく清廉なイメージで、学生運動にも寛容だった指導者の死への悲しみと、腐敗した役人や急激なインフレへの不満が、大衆の中で爆発した。学生や労働者が北京の天安門広場に集まり、追悼と腐敗の一掃を訴えた。

これに対して、保守派主導の党指導部は4月26日、こうした動きを「動乱」と決めつける厳しい姿勢を打ち出した。学生たちはこれに反発し、「五・四運動」（日本の二十一カ条要求に反対する、一九一九年の学生による抗日愛国運動）七〇周年の記念日の5月4日、百万人規模のデモを行った。その後も大規模なデモが続き、学生たちは天安門広場でハンストに入った。

党内では、学生運動を愛国民主運動と評価して主導権を取り戻そうとする趙紫陽ら改革派に対し、運動の弾圧をはかる鄧小平と李鵬、これに長老と保守派を加えた勢力との争いが激しくなっていった。

結局、保守派の李鵬が前面に出て、5月20日には北京市に戒厳令が敷かれた。指導部内は強硬派と慎重派に分かれ、天安門広場の学生と労働者も強硬派と穏健派に分かれ、それぞれの綱引き

1989年５月、北京の街路をデモ行進する大学生たち。デモの先頭に「五四」の文字があるのは、70年前の「五四運動」を示す。1919年、第一次世界大戦後のベルサイユ講和会議で、日本の中国に対する「21カ条要求」がほぼ認められたことに対し、北京の学生たちが５月4日、天安門広場に終結、街頭をデモ行進したのをきっかけに抗日運動が全国に広がっていった。89年５月の学生たちの運動も次第に激しさを増し、翌６月の天安門事件を引き起こす。
（写真は新華社＝中国通信）

が続いた。

　しかし、政権の安定を最優先する強硬路線が通り、６月３日深夜に戒厳部隊が出動した。装甲車を前面に歩兵部隊が天安門広場をめざして進み、発砲した。４日朝には広場は制圧された。当局の発表によると、軍と市民合わせて三一九人が死亡した。実際の死傷者は、これを大きく上回るものと思われる。

　西側社会の常識では、警察などによる制圧は催涙弾や威嚇射撃で行われるが、人民解放軍による鎮圧は銃の水平撃ちで行われた。「人民の軍隊が人民に発砲するはずはない」と信じていた学生も多く、そのショックは大きかった。

学生たちは天安門広場に追いつめられたが、ともにハンストに加わっていた作家の劉暁波《りゅうぎょうは》や台湾のシンガー・ソングライターの侯徳健《こうとくけん》ら四人が軍との間で交渉をまとめ、学生たちは広場を撤退した。

運動を担った学生指導者の多くが反革命罪などで指名手配となり、逮捕される者も出た。一部は、香港の活動家などの手引きで米国やフランスに逃げ延びて、国外で民主化運動を続けることになる。

一方、共産党は趙紫陽の失脚を受けて、次のトップを選ばなければならなかった。弾圧の指揮を執った保守派の李鵬は、民主化運動のさなかに「李鵬下台（リーポン　シアタイ）」＝李鵬退陣の罵声を浴びて市民から標的にされ、「血の弾圧」の張本人と見なされており、さすがに後任の総書記に就けるわけにはいかなくなった。

そこで、最高指導者の鄧小平は北京の市民にはあまりなじみのない、つまり手があまり汚れていない上海のトップ、江沢民《こうたくみん》・市党委員会書記を後任に選んだ。上海時代の江沢民は、改革・開放路線に従うとともに、市民的自由は抑制するという「ブルジョア自由化」反対の立場がはっきりしていたことも評価された。6月23日の党中央委員会総会（四中全会）で、江沢民と李鵬らの新指導部が選出された。

戒厳部隊による鎮圧の映像は乾いた銃声とともに全世界に流れた。テレビの時代である。ファクスや携帯電話も一部では使われた。それは、中国と中国共産党のイメージを悪化させ、日本でも中国を嫌うムードが広がった。

一方、同時代のソ連や東欧では自由化と民主化の流れが加速され、各国で共産党の独裁体制が倒れていった。この年の11月には、ベルリンの壁が崩壊する。

事件から二〇年を経た今でも、犠牲者の名誉は回復されていない。共産党にとって事件は「反革命の暴乱」であり、「六四政治風波」と呼ばれている。

取材ノートから

北京大学の学友たち

一九八九年5月4日。その朝、私は北京大学の南門前の人込みの中にいた。緑色の制服の警官、私服の警官、やじ馬と外国の特派員たち。カメラとメモ帳を手にした私は、北京での特派員生活も、もう一年を過ぎていた。

4月15日の胡耀邦・前共産党総書記の急死は、北京の学生たちを激しい反党・政府運動に駆り立てた。学生たちは連日のように、大学ごとにデモ隊を組んで、一〇キロ、二〇キロの道を天安門広場めざして歩いてきた。私の仕事の現場も、広場と大学が中心になった。

中でも、私が七八年秋から三年近くの留学生活を送った北京大学は、学生運動の牽引役として、目が離せなかった。

5月4日は中国の知識人や学生にとって、特別の意味をもつ。一九一九年のこの日、日本の対華二十一カ条要求に反対する北京の学生たちが市内をデモ、全国的な抗日と軍閥政府反対運動のきっかけをつくった。有名な五・四運動である。

一九八九年は、前年からの激しいインフレで社会がざわつく中、年明けとともに、反体制派物理学者の方励之《ほうれいし》氏が、五・四運動七〇周年、フランス革命二〇〇周年を記念して、政治犯の釈放を求める公開書簡を、最高実力者の鄧小平氏に送りつける、波乱の幕開けになった。

3月から4月にかけて、沈黙を守っていた知識人たちが、政治犯釈放の要求に共鳴、公開書簡には三〇人、四〇人と署名が集まった。「今度は本物かもしれない。この目で北京が変わるのを見られる」――激動の予感が、いや「期待」が私の頭をよぎった。

同じ5月4日。私の手帳には、もう一つ別の予定が書かれていた。

「午後2時半、北大《ペイター》歴史学系、同窓会」

七八年秋に北京大学歴史学系（＝学部）に入学した、中国史専攻のクラスの同窓会が、八二年の卒業以来初めて開かれる日だった。私は級友との再会を心待ちにしていた。

しかし、そんな元留学生の感慨も「後輩たち」の熱気に吹き飛ばされてしまった。私は、デモの様子を時にはデモ隊と並んで歩き、あるいは車で先回りしながら、取材した。デモ隊と一緒に天安門広場にたどり着いたころは、もう同窓会も終わっている時刻だった。

北京の戒厳令から天安門事件に至る、その後の経過はよく知られているが、6月3日深夜から4日未明にかけての人民解放軍による「血の弾圧」が、北京の「都大路」を赤く染めた。

同窓会はその後開かれぬまま、私は二年七カ月の勤務を終えて、九〇年秋に帰国した。「中国土産」は、天安門事件直後に、住んでいたアパートに撃ち込まれた人民解放軍の弾丸一発だった。

帰国後、私は知り合いの編集者に勧められるまま、卒業から一〇年を迎える同窓生の足跡をたどってみようと思い立った。

「卒業から十年の自分史を書いてみてくれませんか。卒業文集のようなものができれば、有意義な記録になると思うので……」。こんな手紙を住所の分かった三四人に出した。

もちろん、天安門事件の記憶がまだ生々しいだけに、同窓生に筆を執らせることが容易でないことは百も承知しているつもりだった。

案の定、断りの手紙が舞い込んだ。

「提案された自伝はいい話ですが、何度か筆を執ってみたものの、やはり書けません。中国の状況はご存じの通りです。この十年、わけても八九年以来の自分の本当の思想、感情、経歴を書いたら、きっと面倒なことになるでしょう。仮に真実に反して書いたとしたら、貴兄に申し訳がありません。全く『進退窮まる』です」

「私は自分の苦悩を正確に訴えることができません。部外者から見れば、我々の努力が足りないと笑われるだけです。同情を寄せる人にとっても、中国という国には問題があるという、中国蔑視を生み出すだけです」

七八年入学組は、「労農兵」学生に代表される、文化大革命による教育の荒廃を経て、七七年冬に全国統一入試が復活してから二期目の学生で、全国の秀才がそろっていた。同窓生には大学で研究を続けている人が多いが、共産党や政府の機関に籍を置く人もおり、やはり「天安門」の影響は大きい。

そんな中でも、危険を冒して返事を書いてくれた何人かの学友がいた。

中西部のある省の職員として、犯罪者の労働改造を担当しているP君もその一人だ。

卒業後、労働改造局に配属された彼は、警察官の政治思想教育などを担当した。しかし、役人の仕事はつらいようだ。「文書の山と会議の海の中で、我々のような秘書役の役人は大学で勉強するよりも悩みが多い。上司の重用に対する応えとして、さらに知識分子としてメンツを保とうとする考えもあって、私は全身全霊を文書の山の中に埋もれさせ、新たな文書の山を生み出した」──彼は自らの役人生活をこう自嘲的に描いていた。

中国では、「労働現場での政治思想教育の鍛錬」のため、知識人はしばしば、農村などに「下放《かほう》」された。P君も役人になってから再び山村に行かされ、法律知識の普及にあたり、六〇キロの山道を歩いて、村の事情を調査したこともあった。

「卒業してからを振り返ってみると、常に暗い側面や犯罪と戦ってきた十年だった。私はもともと願ってはいなかった仕事に就いてしまった。私はいつも矛盾の中にいる。なぜなら、人は常に光明と鮮やかな花、小鳥のさえずり、そして、楽しく愉快な空間を求め望んでいるからだ」

P君の手紙はこう結ばれている。

東部の大学の講師になったL君は、大学時代のサッカーの思い出から書き起こしている。彼は同窓生の多くがそうであるように、文革時代に農村で八年間働いた。北京大では大学院に進み、北京に残って研究を続けるつもりだったが、妻が農村出身のために、その「農村戸籍」（＊注）を北京に移せず、やむなく故郷に近い大学に席を得たいきさつを語っている。

遠く離れた北京の天安門事件の余波は彼の大学にも及んでいた。――「あの『政治風波』には、あえぎが止まらないほど緊張した。『風波』は政治ばかりでなく、経済にも及んだ。街で交通マヒが起きていた時は、我が家の米びつが空になっていた時だった。幸いにも情勢は急転直下し、飢えの苦しみは免れた」。抑制した表現だが、当時の緊迫した空気を伝えている。

L君は仕事や家族の悩みをつづった後で、「しかし、諸君、私がそんなに意気消沈しているとは思わないでくれたまえ。いつの日にか、もう一度サッカーをやるんだ。その時勝つのはどちらになるか、見ていてくれ！」と語り、同窓生への「勝利宣言」で結んでいた。

（一九九二年1月、記す）

＊注・中国の戸籍制度　一九五八年に施行された戸口登記条例で、都市戸籍と農村戸籍に大別され、都市への人口流入を抑えるために移動の自由を厳しく制限してきた。しかし七八年の改革・開放政策への転換で、都市での雇用機会が増えて、農村から大量の出稼ぎ労働者（農民工）が押し寄せた。二〇〇七年には二億人を超えたとされる。ただし、家族を連れた出稼ぎ農民は戸籍の違いから、子供の教育や社会保障などで都市住民並みの行政サービスを受けられない。こうした農民の不満を踏まえて、〇八年10月に開かれた中国共産党第一七期中央委員会第三回総会では、中小都市で働く一部農民に都市戸籍を認める方針を打ち出した。

ニュースの単語帳

零八憲章《リンパーシエンチャン》＝二〇〇八年憲章

二〇〇八年12月、世界人権宣言の採択六〇周年を機にインターネット上で発表された。中国共産党の一党独裁を終わらせ、三権分立を保障する民主的憲政の下での中華連邦共和国の設立を主張している。

当初、著名な作家や人権活動家ら三〇三人が署名し、その後署名者がさらに増えた。当局はこの動きを重大視し、天安門事件の際に戒厳部隊との交渉に当たった「四君子」の一人、作家の劉《りゅう》暁《ぎょう》波《は》を首謀者と見なして逮捕した。

憲章は共産党の独裁の現状を「党の天下」と批判。「明君」（英明な君主）や「清官」（清廉な役人）に頼る臣民意識を捨てようと呼びかけた。

24 天皇訪中（1992）

天皇、皇后両陛下は、一九九二年10月23日～28日の間、六日間にわたり中国を訪問した。両陛下は北京、西安《せいあん》、上海を訪れた。戦前・戦後を通じて天皇の訪中は初めてだ。

八九年6月の天安門事件以降、中国は国際社会の厳しい非難を浴びた。経済制裁も受けて、鄧《とう》小平《しょうへい》の改革・開放政策もスピードダウンを余儀なくされた。こうしたなか、鄧小平は九二年1月から2月にかけて、南部の諸都市を視察して、改革・開放の加速を促す「南巡講話」を発表した。

一方で、中国は外交的孤立を打破する動きも模索していた。その中で目をつけたのが日本だった。九二年は七二年の日中国交正常化から二〇年の節目の年でもあった。

この間の中国の対日観を分かりやすく示しているのが、当時外相だった銭其琛《せんきしん》の回想録だ（『外交十記』北京・世界知識出版社。邦訳は濱本良一訳『銭其琛回顧録―中国外交20年の証言』東洋書院）。

「中国に対して共同で制裁を科してきた国々の中で、日本は終始、積極的ではなかった」

「日本は西側の対中制裁の連合戦線の最も弱い輪であり、中国が西側の制裁を打破する際におのずと最もよい突破口となった」

実際、日本は、天安門事件の翌年の九〇年11月には第三次円借款《えんしゃっかん》の凍結解除を決めていた。

銭

其琛は天皇の訪中を次のように位置づけた。

「西側の対中制裁を打ち破るだけでなく、さらに多くの戦略的な配慮があった。すなわち双方のハイレベル往来を通じて、日本の天皇の初めての訪中を実現させるよう促し、中日関係の発展を新たな段階に推し進めることだった」

「中日二〇〇〇年の往来の中で、日本の天皇が中国を訪れたことはなく、天皇訪中が実現すれば、西側各国が科した中国指導者との交流禁止令を打破できることになる」

中国にとっては、まず天安門事件後の国際的な孤立からの脱却が第一で、さらに天皇訪中によって日本の大衆の支持も得ようとしたというのである。

狙いを定めた中国外交は素早く動く。九一年4月に日本の中山太郎外相が訪中。6月には銭其琛外相が訪日。8月には海部《かいふ》俊樹首相が訪中した。中国への訪問を抑えていた西側首脳としては初の訪中になった。翌九二年1月には渡辺美智雄外相が訪中し、天皇訪中が事実上固まった。仕上げとして4月には江沢民《こうたくみん》党総書記が訪日した。

後の小泉政権時代に冷え切った日中間では考えられないほどの頻繁な相互往来だった。

日本にとっては長年の懸案だった天皇訪問実現の機会でもあり、日本の国連外交などへの中国の協力を取り付ける足がかりにする狙いもあったと見られる。

こうして実現した天皇の訪中で注目されたのが、過去の戦争についての発言だった。10月23日に中国の楊尚昆《ようしょうこん》国家主席による歓迎晩餐会が開かれた。楊国家主席は歓迎のあいさつで「遺憾なことに、近代の歴史において、中日関係に不幸な一時期があったため、中国国民は大きな災難を被《こうむ》りました。前のことを忘れず、後の戒めとし、歴史の教訓を銘記することは両国国民の根本的利益に合致することであります」と述べた。

これに対して、天皇は「お言葉」で「我が国が中国国民に対し多大の苦難を与えた不幸な一時期がありました。これは私の深く悲しみとするところであります。戦争が終わった時、我が国民は、このような戦争を再び繰り返してはならないとの深い反省にたち、平和国家としての道を歩むことを固く決意して、国の再建に取り組みました」と答えた。

銭其琛は、この「態度表明」を「これまでの日本の指導者と比べて、『謝罪』の言葉はなかったものの、比較的強い反省の気持ちがあり、明らかに進歩がみられた」と評価している。

天皇訪中と対照的だったのが、六年後の九八年11月の江沢民国家主席の訪日だった。この年は日中平和友好条約締結から二〇年。出迎えたのは小渕恵三首相だった。

江沢民国家主席は、天皇陛下との宮中晩餐会、小渕首相との夕食会、早稲田大学での講演などの場で、「日本軍国主義は対外侵略と拡張の誤った道でした」「われわれはこの痛ましい歴史の教訓を永遠にくみ取らなければなりません」「いかなる形の軍国主義の思潮と勢力の再度の台頭をも絶対に許してはなりません」などと、歴史問題に繰り返し言及した。

だが、逆に江沢民国家主席の強い言葉は、「天皇陛下の前でそこまで言わなくてもいいのではないか」といった日本の世論の反発を招いた。「嫌中ムード」や「歴史嫌い」が生まれてしまった。

首脳外交というと、事前にすべてのおぜん立てができあがっていて、後は日程をこなすだけといったイメージもあるが、首脳個人の言動でここまで世論に影響を与えることができるという意味では、日中間の歴史に残る、首脳外交の失敗例といえるだろう。

取材ノートから

天皇の「お言葉」

天皇の「お言葉」について、週刊誌『アエラ』に記事を書いたことがある（『アエラ』九二年12月8日、「天皇訪中『お言葉』で波紋　中国語訳に疑問の声」）。

「お言葉」の翻訳について、専門家から「ちょっとおかしい」という疑問の声を聞いて、まとめたものだ。クレームが付いたくだりは以下の部分だ。

「私自身も年少のころより中国についての話を聞き、また、本で読むなどして、自然のうちに貴国の文化に対する関心をもってきました。子供向きに書かれた三国志に興味を持ち、その中に出てくる白帝城についての『朝辞白帝彩雲間』（あしたにじす　はくていさいうんのかん）に始まる李白の詩を知ったのも、少年時代のことでありました」

天皇の「お言葉」は、『三国志』→そこに出てくる白帝城→その白帝城を詩にうたった李白とつながり、少年・天皇と中国文化との出会いが自然に語られている。

問題は、日本側が提供した中国語訳だ。

「当時我対為児童編写的三国志感興趣。書中引用李白的一首描写白帝城的詩、以『朝辞白帝彩雲間』為開頭、也是我少年時代学習的」

直訳すると、こうなる。

「そのころ私は子供向けに書かれた三国志に興味を持ちました。本の中で引用された、『朝辞白帝彩雲間』に始まる、李白の白帝城を描いた詩を学んだのも私の少年時代のことでした」

これだと、李白の詩は『三国志』の中で引用されていることになる。

「魏《ぎ》志」「蜀《しょく》志」「呉《ご》志」から成る正史『三国志』は、三世紀の西晋《せいしん》の歴史家・陳寿《ちんじゅ》の作品。一方、曹操《そうそう》や劉備《りゅうび》らの英雄が活躍する小説『三国演義』は、十四世紀の明《みん》の羅貫中《らかんちゅう》の作品。これに対し、李白は八世紀の唐の詩人である。李白の詩は、正史『三国志』にも、小説『三国演義』にも見あたらない。

要するに誤訳だったのだ。さらに、日本では慣用で『三国志』が小説『三国演義』をも指すようになっているが、中国人に分かりやすいように、『三国演義』と正しく翻訳する気配りも欲しかった。

取材した当時に得られた外務省中国課のコメントは「正文は日本語ですから、中国語や英語の訳文については、だれが翻訳したかも含めて、一切コメントしません」というものだった。

なるほど、外国の言葉の勉強は奥が深いと思わされた「お言葉」問題だった。

25

台湾の民主化

（1986～）

蒋介石、蒋経国《しょうけいこく》父子による国民党独裁体制が続いていた台湾（中華民国）だが、一九七〇年代に入ると、米中接近や国連脱退、日本との断交などによって、国際的には厳しい環境に追い込まれつつあった。

蒋経国（一九一〇～八八）は七二年に行政院長（首相）に就任すると、国際空港や高速道路、石油化学工業などの「十大建設」のインフラ整備に着手。さらに、大陸から国民党とともに逃れてきた「外省《がいしょう》人」に頼るだけでなく、それ以前から台湾に住んでいた人口の八割以上を占める「本《ほん》省《しょう》人」を経済や政治の分野で活用するようにした。

父親の蒋介石は七五年4月に病死した。息子の蒋経国は、三年後の七八年に総統に就任した。蒋経国は本省人（台湾出身）の役人を多く登用し、八四年には本省人の李登輝《りとうき》を副総統に抜擢《ばってき》した。晩年には政治的自由化に踏み切った。野党勢力の存在を認め、八六年には民主進歩党（民進党）が発足した。米中関係の改善によって、米国は台湾の民主化に注文をつけ出していた。こうして、八七年7月には三八年ぶりに戒厳令を解除、11月には台湾人による中国大陸への親族訪問を開放。翌八八年1月には新たな新聞発行の禁止（報禁）も解除された。

こうして蔣経国は後の台湾の民主化に道筋をつけて、八八年1月に死去。李登輝が後を継いだ。

李登輝は政治改革を進め、国民党政権が台湾に移ってから改選をしていなかった、国民大会（総統の選出と憲法改正を行う機関）と立法院（一院制の国会）の全面改選を九二年末までに実現した。さらに、九四年には台湾省長と台北市長などの直接選挙を行い、総仕上げとして九六年3月に総統の直接選挙を行い、李登輝自らが当選した。

一連の政治改革を通じて野党の民進党も成長し、立法院では三割ほどの議席を確保し、後に総統になる陳水扁《ちんすいへん》が、九四年には初めての民選の台北市長に当選するなど、各地で民進党所属の首長が誕生した。台湾の選挙は「飲み食い」自由、買収も当たり前で、お祭り騒ぎのようだが、ともかくも民主的な選挙を通じた民意の反映によって、将来の大陸への反攻を狙っていた「中華民国」から、現在の姿を受け入れた台湾化（あるいは台湾本土化）が進んでいった。

陳水扁は四年後の市長選で、国民党の馬英九《ばえいきゅう》に敗れるが、二〇〇〇年の総統選で国民党候補らを破り、初の政権交代を実現させた。さらに、陳水扁の引退を受けた〇八年の総統選では、馬英九が民進党候補を破り、国民党が政権の奪還を果たすことになる。

朝日新聞1996年３月24日付け朝刊１面。写真のキャプションは「台湾総統選で当選を決め、笑顔で支持者にこたえる李登輝総統」。藤原秀人記者による記事はこう書き出されている。――「李総統は午後八時過ぎに数千人の支持者が待ち受ける事務所に現れた。李総統は北京語と台湾語で『国家が脅威に直面するなか民主的な選挙を完成させることができた。今日は台湾に民主主義のドアが開いた歴史上貴重な時だ。みなさんありがとう』と述べた。そして、『これからは皆が相互に理解し、団結し、勇気をもって前進しよう』と、新しい台湾づくりを呼びかけた」　（紙面は朝日新聞社提供）

ここで改めて、直接選挙になった九六年以降の総統選の模様を振り返ってみよう。

九六年3月の選挙では、現職の国民党の李登輝が54％を得票し、民進党の彭明敏《ほうめいびん》、国民党から分裂した新党の林洋港《りんようこう》らを破った。中国は、李登輝の主張を台湾独立につながるとして、その当選を阻止するために選挙前にミサイル発射を含む軍事演習を行った。

李登輝の引退後の二〇〇〇年3月の総統選では、民進党の陳水扁が国民党の分裂に乗じて勝利した。得票率は陳水扁が39・3％、国民党から離れた無所属の宋楚瑜《そうそゆ》が37・5％、国民党の連戦《れんせん》が23・1％だった。

民進党は、九一年の党綱領では、住民投票で支持されれば、台湾の独立を認めるとしていた。ただ、総統選を控えた九九年には、中華民国と中華人民共和国の存在を認め、この現状の変更は住民投票によるものとすると立場を変えて、新たな現実路線で選挙に臨んだ。この選挙でも、中国は朱鎔基《しゆようき》首相が台湾独立派の動きを牽制する発言を行った。これに対する反発もあって、陳水扁が漁夫の利を得る形で辛勝して、初の政権交代が実現した。

一期目の陳水扁は、〇二年8月には中国と台湾の関係は「一辺一国」（それぞれ別の国）であると発言した。これは李登輝の「特殊な国と国との関係」とする「二国論」より、さらに台湾独立に傾斜したものだ。陳水扁政権は、台湾の世界保健機関（ＷＨＯ）への参加を求めたり、新憲法の制定を表明したりするなど、台湾の地位の向上を図った。中国はこうした動きに反発し、中台経済のパイプが太くなる一方で、政治的な対話はほとんどできなくなった。

陳水扁が再選をめざした〇四年3月の総統選では、国民党の連戦主席と親民党の宋楚瑜主席が野党統一の正副総統候補となった。基礎票では野党側が上回っていたが、結果は陳水扁が50・1％、連戦が49・9％、3万票足らずの僅差で勝利した。

二期目の陳水扁政権は学校教育での台湾史重視や公営施設・企業の名称から「中国」「中華」を外して「台湾」に改めるなどの台湾本土化の政策を進めた。一方で、政権の後半になると側近や家族の公金の不正使用やインサイダー取引などの金銭スキャンダルが次々に発覚し、クリーンなイメージは崩れた。この間の立法院や地方議会の選挙では、与党・民進党の敗戦が続いた。

〇八年3月の総統選では、民進党の謝長廷《しゃちょうてい》元行政院長（首相）は、陳水扁への失望を挽回できずに、国民党の馬英九・前台北市長に敗れた。馬英九の得票率は58・5％で、総統選では過去最高だった。馬英九は台湾の地位の現状維持を通じて、中国との経済関係を強化して、台湾の経済成長を図る政策を訴えた。それは「統一か独立か」という、台湾の将来をめぐるイデオロギーの対立に疲れてきた住民の支持を集めた。

さて、民主化した台湾はどちらに向かうのか。それを決めるのは台湾の人々の一票だ。

取材ノートから

拍馬屁文化《パイマーピーウェンホワ》＝おべっか文化、ごますり文化

「拍馬屁」とは馬の尻をたたき合うことから、他人にこびへつらうことを意味する。

台湾では、こんな政界ジョークを聞いた。李登輝総統全盛のころの国民党の幹部会議でのこと。この日の李総統は前夜の食事のせいか、おなかの調子が良くなかった。おなかがゴロゴロ鳴っているのが聞こえると思ったら、プーという音が会場に響いた。

一瞬の静寂の後、幹部のH秘書長（幹事長）が手を挙げると、大音声《だいおんじょう》で「報告します。今のおならは私でした。失礼しました」と発言した。

しばらくすると、またプーと一発。

すかさず、別の幹部が「報告します。今度のおならは私です。失礼しました」と、負けずに声を上げた。

それでも、総統のおなかの調子は収まらない。さらに、もう一発。

一発目のH秘書長も李総統の腹心として負けてはいられない。

「報告します。これからするおならは全部、私のものです」

というのが、国民党のおべっか文化の典型だそうだ。

国民党は英語表記の略称が、Kuomintang からKMTとなる。そこに広がっている、おべっか文化（pai mapi）はPMP文化とも呼ばれている。

国民党が下野《げや》してから、私はこのH氏の宴席に招かれたことがある。食事が終わって、ソファに移ると、H氏はスイス土産の葉巻を皆に勧める。自分でくわえて、ライターの火をかざすが、なかなか煙が出ない。私も一本もらったが、よく見ると、葉巻型のチョコレート・クッキーだった。

正直者の私は「これ、チョコレートですよ」と言って、一口かじった。焦げたクッキーを手にしたH氏はきょとんとして、「おう、そうか、そうか」と笑い出した。

私は後で、台湾の政治記者から怒られた。

「君はまだ、台湾の『拍馬屁文化』が分かっていないね」

26

一国二制度・香港返還（1997）

英国の植民地だった香港は、一九九七年7月1日に中国に返還された。中国から見れば、香港の「祖国復帰」である。

この香港に初めて適用されたのが、一つの国家に二つの体制を認めるという「一国二制度」で、香港は高度の自治権を持った「特別行政区」となり、社会制度などは五〇年間変えないとされた。

一国二制度は、もともと台湾の統一のために考え出されたものだった。七九年元旦の全国人民代表大会（国会に相当）の「台湾同胞に告げる書」や、八一年9月の葉剣英《ようけんえい》全国人民代表大会常務委員長の「九項目提案」で、台湾との交流や高度の自治を持つ特別行政区を提案して、共産党と国民党の話し合いを求めた。さらに、鄧小平《とうしょうへい》は翌八二年1月、この九項目提案とは「一国二制度」の適用であり、「中国の社会主義制度」と「台湾の資本主義制度」の共存であるとした。

七九年1月には米中が国交を樹立し、中国の改革・開放政策も始まったばかりだった。中国は内外の平和な環境を必要としており、台湾政策も武力による解放から平和的な統一に転換し、それを具体化したものとして一国二制度が生み出された。

だが、それが実際に適用されたのは香港と、ポルトガルの植民地だったマカオ（九九年12月20日に返還）になった。台湾はなお「中華民国」としての存在を求めている。


植民地・香港の歴史は、アヘン戦争（一八四〇～四二年）の敗北の結果、一八四二年の南京条約で清国が英国に香港島を割譲したことに始まる。その後、一八九八年の条約で対岸の新界地区が租借される。この租借期限が九九年間で、一九九七年6月30日に満了となるため、その返還が中英間で議題になったのである。

香港返還をめぐる中国と英国との交渉（八二～八四年）を通じて、「一国二制度」は固まった。英国のサッチャー首相は八二年9月に訪中し、鄧小平・共産党軍事委員会主席と会談。中英交渉が始まった。英国は香港の主権と統治権を分けて、なお香港への影響力を残そうとしたが、中国は百年来の植民地＝「国恥《こくち》」の象徴である香港の完全な回収にこだわって、交渉を押し切った。

八四年12月に調印された香港問題に関する中英共同声明によると、外交と国防を中央人民政府が管理するが、香港特別行政区は高度の自治権を持つ。行政区政府は現地人によって構成され（「港人治港」）、トップにあたる行政長官は選挙または協議によって選ばれる。香港の現行の社会・経済制度は変わらず（「制度不変」）、国際金融センターの地位を維持する（「繁栄保持」）として、こ

香港の返還は中国の中学校教科書では「香港と澳門（マカオ）祖国に復帰」として写真が掲げられている。キャプションは「中英香港政権交接儀式」
（『中国歴史』八年級・下冊より）

れらに関する規定は五〇年間は変えないとしている。通貨も中国の人民元と違う香港ドルを維持し、税制も独自のままで、言論の自由も維持することになる。

だが、植民地・香港には、新中国の共産党の支配を嫌って逃れてきた住民も多く、共産中国への復帰に反発する動きも見られた。八七年以降には、香港から米国やカナダ、オーストラリアなどへの移住が目立つようになった。これに拍車をかけたのが、八九年6月の天安門事件である。民主化運動の弾圧は、香港住民の共産党嫌いをさらに増やした。逆に中国側は香港が民主化運動の支援基地になることを恐れ、政治活動などへの圧力を強めた。

こうした中で、九二年7月に最後の総督として就任した英国のパッテン総督は、香港に民主主義の種を植え付けるかのように、選挙制度改革を中心にした政治改革を推し進めようとして、中国との摩擦を生んだ。香港の民主化は徐々に進めるというのが中英間の認識だったが、パッテン総督は九二年10月に中国側との事前の合意なしに直接民主制を柱とする政治改革案を発表したのである。

香港の立法機関の選出は有権者が限定され、間接選挙と直接選挙が組み合わされたものだったが、その有権者と直接選挙枠を拡大して、住民の政治参加の幅を広げるのが改革の重点だった。いわば、返還前の駆け込み的な民主化だった。新たな選挙制度による立法評議会では民主派が優勢を占めたが、九七年の返還と同時に解散することになる。

英国は最後に民主化をめぐって中国と綱引きをしたが、アヘン戦争で奪われた国土を一五五年ぶりに回復した中国に軍配が上がった。こうして英国はアジアで最後の植民地を失った。

返

還後の香港のトップの行政長官には、実業家の董建華《とうけんか》が就任した。上海生まれで、海運王といわれた父親の事業を引き継いだ。中国との関係の良さが買われた人事だった。ただ、返還直後に起きたタイのバーツ暴落に始まったアジア金融危機によって、行政長官としていきなり厳しい経済運営にさらされた。さらに、二〇〇三年には新型肺炎（ＳＡＲＳ）によって、経済の長期低迷も経験した。二代目の行政長官には、〇五年6月に政務官（特別行政区の閣僚）の曽《そう》蔭権《いんけん》が就任した。

では、返還後の香港の「一国二制度」をどう評価したらいいのだろうか。

この制度の下で、植民地以来の自由な資本主義経済はそのまま維持されている。ライバルの上海の急成長はあるものの、金融センターとしての役割も維持している。中国経済との一体化が進み、〇四年1月には経済貿易協力強化協定（ＣＥＰＡ）が発効、関税の引き下げや香港観光の規制緩和が行われた。香港経済の成長には大陸はなくてはならない存在になった。

政治面の課題は、行政長官と立法会（議会）の普通選挙の実現だ。今のところ、行政長官は間接選挙、立法会は選挙区別の普通選挙と職能別選挙の二本立ての制限選挙だが、民主派は全面的な普通選挙の早期実現を求めている。中国の全国人民代表大会は、二〇一七年の行政長官選挙、二〇年の立法会選挙の普通選挙実施を認めているが、なお候補者の資格などで中国が制限を設けることも懸念されている。

東京都の面積の半分ほどの土地には、七〇〇万人の人々が今日も暮らしている。

取材ノートから

経済特区「開放」の一現実

私も九七年の香港返還の取材の一員に加えてもらった。その役割は、香港に隣接する広東省深《しん》圳《せん》の表情と、そこから香港に進駐する人民解放軍の様子を伝えるというもので、いわば「後詰め」といった、のんびりしたものだった。

6月下旬、深圳市内のホテルでやや遅い昼食を頼んで待っていると、若い中国女性が目の前の席に座る。こちらが、何かといぶかると、「一緒にご飯を食べてもいいかしら」と聞いてくる。「いや、一人で食べる」と言って、席を離れてもらう。見れば、レストランのそこここに一人でコーヒーを飲んでいる女性の姿があった。

さて、いよいよ香港の祖国復帰である。6月30日夜、人民解放軍の進駐部隊は軍用トラックに乗って、激しい雨に打たれながら、次々に境界をめざしていった。雨中の取材もそこそこに、香港での返還式典の取材は同僚に任せて、私はホテルの部屋でテレビ中継を見ていた。

すると、部屋の電話が鳴った。「○○クラブですが、カラオケを歌いに来ませんか」と、女性が尋ねてきた。私は一瞬何のことかと思ったが、「今忙しいんだ。君は香港復帰のテレビを見ないのか」と、声を荒らげた。

歴史的な夜のお誘いの電話は、そこで切れてしまった。

「改革・開放」から二〇年。なるほど、経済特区の優等生・深圳の「開放」は進んでいた。

27

世界の工場
（1992〜）

改革・開放への路線転換から三〇年。中国共産党は〇八年12月18日に、第一一期中央委員会第三回総会（一一期三中全会）の三〇周年記念大会を開いた。

胡錦濤《こきんとう》党総書記（国家主席）が記念演説を行い、この三〇年を「社会主義市場経済体制への偉大な歴史的転換を成功裏に実現した」と評価した。そして、現在の体制を「家族請負制度を基礎に、統一と分散を結合した農村の二重経済体制」と「公有制を主体に、複数の所有制経済がともに発展する基本的経済制度」と位置づけた。

胡錦濤があげた数字から、三〇年の成果を並べてみよう（一九七八年と二〇〇七年の比較）。

■国内総生産（GDP）＝三六四五億元→二四兆九五〇〇億元（一元は約一三円）。世界第四位、年平均実質成長率9・8％

■都市部住民の一人当たりの可処分所得＝三四三元→一万三七八六元。実質6・5倍

■農民一人当たりの純収入＝一三四元→四一四〇元。実質6・3倍

■農村の貧困人口＝二億五〇〇〇万人──→一四〇〇万人
■輸出入総額＝二〇六億ドル──→二兆一七三七億ドル。世界第三位

さらに、外貨準備高は二〇〇六年1月末に、日本を抜いて世界一になっている。その後も一位を守り、〇八年末の外貨準備高は一兆九四六〇億ドルで、前年末より四一七八億ドル増えた。〇八年のGDPは前年比9・0％増の三〇兆六七〇億ドル。人口は一三億二八〇二万人。経済規模で見ると、二〇一〇年代に日本を、三〇年代には米国を抜いて世界一になるという予測もある。今や、G8（主要8カ国）の時代ではなく、米国と中国の2大超大国によるG2の時代とさえ言われるようになった。

ここでは、一二五ページで触れた鄧小平の九二年の「南巡講話」以降の動きをたどってみよう。

共産党は九二年10月に第一四回党大会を開く。江沢民《こうたくみん》総書記の報告では、改革の目標として社会主義市場経済体制の確立が掲げられた。成長を続ける中国経済は、もはや「社会主義」という名の鳥かごの中に閉じこめておくことはできなくなった。このため、社会主義の枠を取り払って、資本主義の代名詞のような市場経済をメーンにすえた。「社会主義」の看板を出したまま、中身を市場経済に取り換えた。こうした「新たな社会主義論」を打ち出すことで、共産党は経済の現状を追認した形だ。

その後の中国は、共産党の強力な独裁体制の下で、政治と経済が癒着した独特の経済発展を遂げることになる。経済特区や沿海開放都市から始まった外資への開放は、各地で開発区がつくられて内陸にも広がった。さらに、低賃金が魅力で引きつけてきた製造業ばかりでなく、金融や流通などのサービス分野も外資に開放されるようになった。

さらに中国は、二〇〇一年12月に世界貿易機関（WTO）に加盟する。加盟に伴い、内国民待遇の適用や関税の引き下げ、輸入制限の緩和などが行われた。中国は製造業を中心にした世界の工場としてだけでなく、巨大な市場としても有望視されるようになる。

外資の中国への直接投資は、九二年の鄧小平の南巡講話以降に最初のブームを迎え、その後、WTO加盟を控えた二〇〇〇年以降に二回目のブームとなった。低賃金に加え、税制面などの外資優遇政策もこうしたブームを支えた。

高度成長によって大きくなった中国企業は海外にも目を向けるようになる。中国企業が東南アジアなど途上国のさらに安い労働力を使うようになった。中国語では海外進出のことを「走出《ツォウチュー》去《チュイ》」という。「走」は歩くという意味で、外に出て行くといった感じだ。

二〇〇二年11月の第一六回共産党大会では、この「走出去」戦略が取り上げられ、中国企業の海外進出を促した。中国企業による海外の企業の買収も目立つようになった。

こうして、中国はグローバル経済の大きなプレーヤーに成長した。日本などアジアから見れば、対中輸出の拡大や相互の投資によって、景気を引っ張っていく役割を中国に担ってもらったことになる。さらに、世界第一位の外貨準備は米国債の購入に振り向けられ、米国と中国の経済面の相互依存は一層強まっている。また、東南アジア諸国連合（ＡＳＥＡＮ）をはじめ、各国との自由貿易協定（ＦＴＡ）締結の動きも加速している。

一方で、中国経済の急速な拡大は新たな摩擦も生んでいる。米国や欧州連合（ＥＵ）では、対中貿易赤字が年々拡大している。また、外資企業には偽ブランド品の生産がやまないなど、中国の知的財産権の保護への不満も根強い。さらに、不透明な法体系や「人治」の要素が濃い法律の運用への不満もある。

中国政府は九八年以降、経済成長率の目標を８％とする、「保八《バオバー》」（８％確保）政策をスローガンに掲げてきた。これは毎年、一千万人近く増える新たな労働者を吸収するのに最低でも必要な数字とされている。

だが、環境面に目を転じると、世界の工場としての中国は環境汚染や地球温暖化の大きな問題源の一つにもなってしまった。これまでは政策目標の８％よりは高い経済成長率を維持しているものの、これからはその数字の質が問われることになる。

世界の工場、巨大な市場として自信をつけた中国の「常識」が、二一世紀の「グローバルスタンダード」になるのだろうか。

ニュースの単語帳

金磚四国《チンチョワンスークオ》＝ＢＲＩＣｓ

ＢＲＩＣｓは新興経済大国のブラジル、ロシア、インド、中国の四カ国のことで、英語の国名の頭文字を並べたものだが、英語のbrickが「れんが」のことなので、中国語のれんが＝「磚頭《チョワントウ》」と金色に輝くお金持ちのイメージを合わせて、「金磚《チンチョワン》」という言葉が生まれたようだ。

○九年6月には、ロシアのエカテリンブルクで、ＢＲＩＣｓ四カ国の初の首脳会議が開かれた。胡錦濤・国家主席とブラジルのルラ大統領、ロシアのメドベージェフ大統領、インドのシン首相が国際金融システムなどについて話し合った。ＢＲＩＣｓを含む、Ｇ20（主要20カ国・地域）は、中国語では「二十国集団《アルシークオチートワン》」と呼んでいる。

28

円借款の終わり（1979〜2008）

中

国の改革・開放政策は多額の資金を必要としたが、一九七九年に始まった円借款《えんしゃっかん》などの日本の経済協力はその中で大きな役割を果たした。

毛沢東時代の社会主義・中国は「自力更生《じりきこうせい》」を国家建設の柱としており、五〇年代のソ連の借款を別にすれば、国際経済とのつながりは限られたものだった。これに対し、鄧小平《とうしょうへい》が七八年末から舵《かじ》を切った改革・開放政策では、海外の華僑や香港の資金が中国への投資の流れをつくり、それに日本や米欧が続いていった。

七九年9月に来日した谷牧《こくぼく》副首相は、大平正芳首相に対して円借款を要請した。大平首相は同年12月に訪中し、「より豊かな中国の出現がよりよき世界につながるとの期待が持てる」として、中国の近代化に協力する方針を打ち出した。この際に示された七九年度分の五〇〇億円の借款が、中国への円借款の始まりである。

大平首相は「新世紀をめざす日中関係」と題した北京での講演で、日本の中国に対する協力の

日本の対中国ODA【円借款】

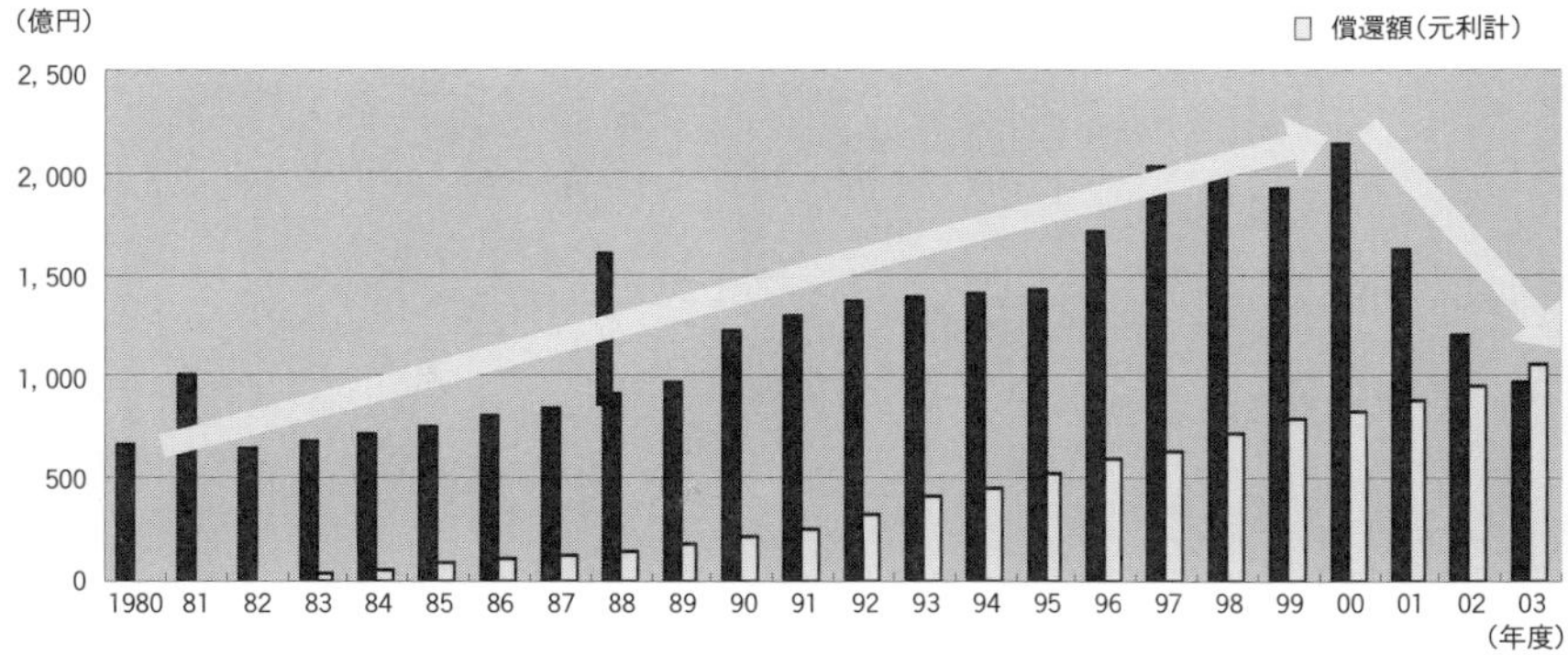

日本の中国に対する円借款の推移。超長期・低利の融資である円借款は、1980年代から90年代にかけ右肩上がりに増え続けたが、2000年をピークにその後は急激に減少、08年で終結した。円借款による資金は中国で、交通運輸、電力、電信電話、農業利水、都市建設などのインフラ整備に使われ、効果をあげた。グラフは関山健『日中の経済関係はこう変わった』（2008年、高文研）より。

原則として、
1 軍事面での協力は行わない、
2 他のアジア諸国にも積極的な協力を行う、
3 日中関係は排他的なものではない、
の三つをあげた。平和国家としてアジアを重視するとしたうえで、日本による中国市場独占などといった欧米からの懸念を退けた。

七二年9月の日中国交正常化では、中国は戦時賠償を放棄している。大平首相は、七二年当時は外相として正常化交渉にあたっている。日中戦争を経験した日本の政治家や財界人の心情の面には、賠償請求を放棄した中国に対して何らかの見返りをしたいという贖罪《しょくざい》意識があり、それが積極的な経済協力につながった側面もある。

一方、中国側には、鄧小平の「日本は世界

のどこの国よりも中国に対する借りが一番多い国だと思う。国交回復の時、我々は戦争の賠償の要求を出さなかった。……日本は中国の発展を助けるために、もっと多くの貢献をすべきだと思う」（八七年6月の公明党の矢野絢也委員長との会談）といった発言に代表されるように、日本の経済協力は当然のものだとする感情もあった。

日本の中国に対する協力は政府の途上国援助（ＯＤＡ）として行われ、その大半が円借款による有償資金協力だった。七九年度から二〇〇七年度までの円借款の累計は約三兆三一〇〇億円に上った。この他に、〇四年度までの無償資金協力が一四五七億円、技術協力が一五〇五億円となっている（在中国日本国大使館のホームページから）。これらを合わせると、日本の経済協力は三兆六千億円を超え、日本は中国に対する最大の援助国となった。

ここで、円借款の流れを見てみよう。

第一次（一九七九～八三年度）　三三〇九億円
第二次（一九八四～八九年度）　四七〇〇億円
第三次（一九九〇～九五年度）　八一〇〇億円
第四次（一九九六～〇〇年度）　九八七〇億円

これ以後は単年度方式になり、金額も大幅に削減されるようになる。

円借款は、鉄道、道路、港湾などの社会基盤の整備を中心に始まり、その後、農業や環境保全、医療、教育などの分野に広がっていった。日本の外務省によると、中国の鉄道の電化総延長の二六%、一万トン以上の船舶が接岸できる港湾の一一%は円借款によるという。北京の首都空港や上海の浦東《ほとう》国際空港の建設にも円借款が使われた。

中国経済は、八九年６月の天安門事件による停滞もあったが、九二年初めの鄧小平の南巡講話によって再び成長が加速していった。それに伴い、中国の国防費も毎年、二けたの伸びを示してきた。

一方で、日中間には八二年の教科書問題、八五年の靖国神社参拝問題などが起きた。円借款をめぐっては、九五年に二度にわたって行われた中国の地下核実験に対して、日本政府が抗議して、無償資金協力や第四次円借款のための調査団の派遣が一時凍結されたこともあった。

こうして、中国の成長は日本にとって時に脅威と映るようになり、大平首相が円借款供与に踏み切った当時とは大きく環境が異なってきた。このため、日本では九〇年代後半から対中円借款の見直しが議論されるようになった。

何より大きかったのは、中国に対する国民感情の変化である。内閣府の外交に関する世論調査を見てみよう。中国に対する親近感を調べた調査では、ピーク時の八〇年には「中国に親しみを感じる」が78・6％、「親しみを感じない」が14・7％だったが、九六年には「親しみを感じる」45％、「親しみを感じない」51・3％と逆転し、親近感が大きく落ち込み、嫌中感が大幅に増えている（ちなみに、〇六年の調査では「親しみを感じる」34・3％、「親しみを感じない」61・6％と、さらに悪化している）。

「大国になった中国には、もう援助は要らないだろう」というわけである。外務省は〇一年10月に対中国経済協力計画をまとめるが、そこでは円借款の重点分野は環境保全とされた。

さらに、参議院改革協議会が〇四年11月にまとめたＯＤＡに関する報告書は、中国へのＯＤＡについて「引き続き推進する必要性は見あたらない」とした。その理由として「中小企業や農業が中国の輸入品との厳しい競争にさらされる状況で、税金が中国に使われることに割り切れない感情が国民にはある」ということもあげられた。

中国の経済発展、国防費の増加、対中感情の悪化が重なり、円借款は終わりを迎えることになる。日本側は〇八年夏の北京オリンピック開催を象徴的なイベントとして、円借款の〇八年終了を決めた。

ただ、その幕引きをめぐって日中間にひともんちゃくあった。小泉純一郎首相は〇四年11月には「（対中ＯＤＡは）卒業の時期を迎えているのではないか」と発言。その直後に小泉首相と会談した温家宝《おんかほう》首相は「ＯＤＡの問題がこじれれば、今の日中関係には『雪上加霜《せつじょうかそう》』だ」と反発した。

「雪上加霜」とは、災難が重なる、泣きっ面に蜂といった意味だ。

小泉首相の靖国神社参拝などで「政冷経熱」の状態に冷え込んでいた日中関係に円借款終了の問題が加わった。しかも、日本側が「卒業」という言葉を使ったことも、中国側の神経を逆なでした。「日本はいつから中国の『先生』になったのだ。遣隋使の昔から、日本は中国の『学生』だったのに」という反発である。

結局、翌〇五年4月の日中外相会談において、〇八年の北京五輪前までの円借款の「終了」について合意に達した。〇七年12月に日中双方は〇七年度分四六三億円の円借款についての書簡を交換した。すべてが環境保護対策で、これが最後の円借款となった。

29

北京オリンピック（2008）

二〇〇八年八月八日午後八時、第二九回オリンピック競技会北京大会の開会式が、新たに建設された北京の国家体育場（愛称・鳥の巣）で行われた。大会は24日まで一七日間にわたって行われ、史上最多の二〇四カ国・地域の選手・役員約一万六千人が集い、二八競技三〇二種目を競った。

中国史上初めての五輪は、中国人にとって縁起のいい数字「八《バー》」を並べて開幕した。アジアでの夏の五輪開催は、東京（一九六四年）、ソウル（八八年）に次いで三回目。日本と韓国が五輪を通じて自国の発展を国際社会にアピールしたように、中国も国の威信をかけて五輪の成功を演出した。開会式には、ブッシュ米大統領や福田康夫首相も出席、これも史上最多の八〇カ国以上の元首、首脳を招いた。

中

国と五輪の関係は、一九三二年のロサンゼルス大会にまでさかのぼる。日本は、同年に建国された「満州国」の代表として、大連《だいれん》出身の陸上選手、劉長春《りゅうちょうしゅん》を送ろうとしたが、劉選手はこれを拒んで、「中華民国」の代表として五輪に初めて参加したのだ。

中華人民共和国の建国後は、五二年のヘルシンキ大会に参加したのが初めてだった。しかし、「二つの中国」の原則によって、中華民国（台湾）と一緒に五輪に参加することを拒否し、中国は五八年には国際オリンピック委員会（ＩＯＣ）を脱退する。

米中関係が改善し、改革・開放政策に転換したのを受けて、中国は七九年11月にＩＯＣに復帰する。大会には、八〇年の米レークプラシッドの冬季五輪から復帰。八四年のロサンゼルス大会で、初の金メダルを獲得している。これ以降、台湾は「中華台北」(Chinese Taipei) の名称で参加している。

中国は経済発展をバネに、九一年12月にはＩＯＣに、二〇〇〇年夏の北京五輪の招致を申請する。しかし、九三年9月のＩＯＣ総会の投票では、豪州シドニーに二票差で敗れた。八九年6月の天安門事件の「血の弾圧」の記憶が国際社会に残っていたことも、北京の敗因の一つとされた。シドニーに敗れたことは、中国人のプライドを大きく傷つけた。

その後、北京は九八年11月に二〇〇八年夏の開催への立候補を表明する。今度は受け入れられ、〇一年7月に北京開催が決まった。

そして迎えた二〇〇八年。しかし、開会式までの道は波乱に富んだものだった。

まず、年明けに中南部を半世紀ぶりの寒波が襲い、大雪害に見舞われた。3月には民族問題の再発が懸念されていたチベット自治区で騒乱が起き、死傷者が出た。このため、3月から4月にかけて五輪の聖火リレーへの妨害が世界各地で起きた。5月12日には、死者・行方不明者が八万六千人を超す四川《しせん》大地震が起きた。さらに8月には、新疆《しんきょう》ウイグル自治区で武装警察部隊への襲撃事件なども起きた。

聖火リレーは、ギリシャ・オリンピアでの採火式でつまずいた。NGO「国境なき記者団」が会場に乱入し、チベットの人権侵害に抗議した。この後、欧米や日本などで行われたリレーは中国政府に抗議するチベット支援者と、聖火を守る中国人留学生らの対決の場となった。リレーはコースの変更や短縮を余儀なくされた。

こうして迎えた大会は、警察一二〇万人、軍隊二〇万人、ボランティア七万人の中国得意の「人海戦術」で守られた。大会関連施設は強制立ち退きを含む工事で開催に間に合わされた。その建設工事に加わった地方の出稼ぎ労働者は、大会開幕までに地方に帰らされた。

選手たちの健康にも影響するとされた北京の大気汚染も、工場の地方移転や自家用車の利用制限などでしのいだ。食品添加物や毒物混入などが懸念された、食の安全の面でも大きな問題はなかった。

人民日報

RENMIN RIBAO

人民网　网址:http://www.people.com.cn
手机:http://wap.people.com.cn

2008年8月
9
星期六

今日20版

百年奥运梦　今夜终成真

第二十九届奥林匹克运动会在北京隆重开幕

胡锦涛出席开幕式并宣布本届奥运会开幕

江泽民吴邦国温家宝贾庆林李长春习近平李克强贺国强周永康、
国际奥委会主席罗格、来自世界各地的领导人和贵宾等出席

204个国家和地区的1万多名运动员参加本届奥运会

北京オリンピックの開会式の模様を伝える共産党機関紙『人民日報』８月９日付けの紙面。題字も赤、見出しの文字もすべて赤、題字横のメーン会場「鳥の巣」も赤にふちどられ、お祝い事の色の赤ずくめの第一面だった。見出しは上から「百年のオリンピックの夢　今夜ついに実現」「第２９回オリンピック、北京で厳かに開幕」「胡錦濤、開幕式に出席し、開会を宣言」などで、その下に江沢民ら指導者の名前をずらりと並べている。さらに、ブッシュ米大統領やプーチン・ロシア首相らの写真も掲載、さながら中国の指導者と国賓による開会式のような印象を与える紙面になっている。

競技では、地元開催の利を生かした中国選手の活躍が目立った。中国は金メダル五一個を含む一〇〇個のメダルを獲得した。米国はメダルの総数では一一〇個で中国を上回ったものの、金メダルは三六個にとどまり、中国に首位を譲った。日本は金メダル九個を含む総数二五個にとどまった。

話題を集めた選手の一人は、陸上男子のウサイン・ボルト（ジャマイカ）。一〇〇メートルと二〇〇メートルで共に世界新記録で優勝した。競泳ではマイケル・フェルプス（米国）が史上最多の一大会八個の金メダルを獲得した。中国選手では、前回アテネ大会の金メダリスト、陸上一一〇メートル・ハードルの劉翔《りゅうしょう》が国民の期待を集めたが、スタート直前にけがのために棄権、一転して失望と非難の声がわき上がった。

ＩＯＣのロゲ会長は閉会に当たり、「競技会場、運営、選手村ともすばらしかった」と述べ、北京大会を称賛した。大会の規模、競技のレベル、治安の確保などは過去の五輪にはないものだったといえよう。胡錦濤《こきんとう》国家主席は、五輪を前に「中華民族の偉大な復興を実現する」と語り、国民に民族と歴史を意識させていた。中国ならではの大きさや中華文明の歴史を強調した開会式などの演出と、中国選手によるメダルラッシュは、中国国民の自尊心を満足させたことだろう。

しかし、内外のメディアに対する取材規制やインターネットの検閲など、当局による情報統制はより巧妙かつ大規模に行われた。北京五輪のスローガンは「一つの世界、一つの夢」（同一個世界、同一個夢想）。何かしら理想社会をめざす中国伝統の「大同思想」を連想させるが、人々が見た夢と思い描いた世界は別々のものだったようだ。

ニュースの単語帳

偽唱《ウェイチャン》＝口パク

北京五輪の開会式で、テーマ曲「私とあなた」を歌って、「天使の歌声」と絶賛された九歳の少女だが、実際には舞台裏で別の少女が歌っていて、口を合わせていただけだったことが分かって話題になった。より即物的な言い方なら、「幕後代唱《ムーホウタイチャン》」となる。

開会式の総監督は、中国の代表的な映画監督、張芸謀《ちょうげいぼう》だったが、彼は「我々は開会式の完璧な美しさを追求し、三人の女の子を準備した。モラルの問題ではないし、そんなに重大な問題とは思わない。一種の創作だ」と語っている（『朝日新聞』〇八年8月18日夕刊）。開会式では、この他にも北京市内で打ち上げられた花火がコンピューター・グラフィックスの映像だったり、少数民族の衣装を着て登場した子供たちの大半が漢族だったり、中国流の「演出」が満載だった。

30 チベット、ウイグル問題

二〇〇八年3月にチベット自治区の区都ラサで、そして翌〇九年7月には新疆《しんきょう》ウイグル自治区の区都ウルムチで、それぞれ騒乱が起き、多数の死傷者が出た。

中国は漢族の他に五五の少数民族を抱える多民族国家である。しかし、絶対多数（全人口の約九二%）を占める漢族とチベット族やウイグル族との間には根深い民族間の対立がある。

少数民族には、内モンゴル、広西チワン族、チベット、寧夏《ねいか》回族、新疆ウイグルの五つの自治区（省と同じレベル）がある。少数民族は西部の国境地帯などに多く住み、ロシアや中央アジア各国、インドと国境を接している。山地や高原、寒冷地など厳しい自然環境ながら、石油や天然ガス、レアメタルなどの天然資源には恵まれている。地域によってばらつきはあるが、漢族の移住が進み、内モンゴルと広西チワン族、寧夏回族の三自治区では漢族の人口が少数民族を上回っている。

まず、チベット問題から見てみよう。

標高二千メートル以上のチベット高原で暮らすチベット族は、インド後期仏教の流れをくむチベット仏教を信仰する。観音菩薩《ぼさつ》や阿弥陀如来《あみだにょらい》が高僧に化身したとされる、活仏《かつぶつ》の制度を持つ。遊牧や農業が主体。チベット自治区の他に四川《しせん》省や青海省に住む。チベット自治区は面積一二三万平方キロ、人口二八一万人（〇六年）、うち九割以上がチベット族だ。

チベット仏教では、高僧は転生すると考えられており、その生まれ変わった子供が「転生霊童《てんせいれいどう》」と呼ばれる。二大宗派の活仏として、ダライ・ラマとパンチェン・ラマがいる。

新中国成立後の五一年10月に人民解放軍がチベットに進駐した。中国政府は仏教の教団に支配された封建的な農奴制からチベット族を解放するとして、五六年にはチベット自治区準備委員会をつくり、社会主義的改造に取り組もうとした。しかし、チベット族はこれに反発し、各地で武力衝突が起きた。五九年3月には、ラサで住民と解放軍が戦い、敗れたダライ・ラマ一四世（一九三五〜）と住民はインドやネパールに亡命した（チベット動乱）。

その後、ダライ・ラマ一四世はインド北部ダラムサラにあるチベット亡命政府を率い、中国政府に対して高度の自治や信教の自由を求めてきた。八九年にはノーベル平和賞を受賞している。これに対し、中国当局はダライ・ラマ一四世をチベットの分離・独立運動を扇動する分裂主義者と非難してきた。

八九年3月、チベット動乱から三〇年の記念日（3月10日）を期して、ラサなどで再び独立を求めるデモが起きた。多数の死傷者が出て、戒厳令が敷かれた。

中国共産党統一戦線工作部とダライ・ラマ一四世の特使は、〇二年から接触を続けてきた。中国側はダライ・ラマ一四世が独立の主張を放棄して、暴力行為をやめさせることなどを本格対話再開の条件とした。これに対し、チベット側は独立は主張しておらず、高度の自治を求めているだけだとして、寺院などでの中国の愛国教育の中止などを求めた。双方の立場は対話の入り口ですれ違ったままだった。

こうした中で、8月の北京オリンピック開催を控えた〇八年3月に、再び五九年のチベット動乱の記念日を迎えた。ラサでは14日に僧侶の抗議行動をきっかけに騒乱となり、チベット族と治安当局が衝突した。当局は住民一八人が死亡したと発表したが、チベット亡命政府は死者二〇〇人以上とした。

国際社会では、中国の強権的な弾圧への非難が強まった。サルコジ仏大統領はオリンピック開会式への不参加をちらつかせて、暴力の停止や対話の再開を呼びかけた。「チベットに自由を」と叫ぶ、中国批判の動きはオリンピックの聖火リレーにも及んだ。3月のギリシャでの聖火採火式や4月以降のロンドンやパリ、長野などでのリレーでは中国支持者とチベット支持者がにらみ合い、聖火ランナーが妨害を受けたり、コースが変更されたりするなど、異例のリレーになった。

ただ、チベット側も一枚岩ではない。ダライ・ラマ一四世が求める高度な自治などの中道路線の主張について、亡命以来中国の譲歩はない、弱腰にすぎるなどと批判する、独立に重点を置いたチベット青年会議派などの急進派もいる。さらに、高齢のダライ・ラマ一四世の後継問題もある。どのように次の活仏を選ぶのか、亡命政府トップと精神的指導者を分けるべきかなどで意見が分かれている。

チベット問題で譲歩すれば、ウイグル族など他の少数民族の分離・独立の動きにも火をつけてしまう。それは、国家の統一にかかわる問題である。こう考える中国としては、弾圧と時間稼ぎで臨むしかないのだろう。

次に、新疆ウイグル自治区に目を転じよう。

こちらは面積一六五万平方キロ、人口二〇五〇万人（〇六年）で、トルコ系でイスラム教を信仰するウイグル族が半数近くを占める。この地域では、一九三三年と四四年に二度にわたって分離・独立運動が起きた（東トルキスタン独立運動）。農業と牧畜業が中心だったが、原油や天然ガスなどの資源にも恵まれている。東部のロプノルでは核実験が行われた。

民族的な対立はくすぶり続け、漢族の移住が増えるにつれて、豊かな漢族と貧しいままのウイグル族という構図も目立つようになった。〇一年の米ニューヨークなどでの9・11テロを受けて、中国当局は〇三年には「東トルキスタン・イスラム運動」をテロ組織に指定して、取り締まりの強化を図った。

〇八年には北京オリンピックを前に各地で摘発と衝突が起きた。当局は1月にウルムチでテロ組織を摘発、二人を射殺。4月には聖火リレーの妨害計画の容疑でカシュガルで七〇人を拘束した。これに対し、8月にはカシュガルの武装警察部隊が襲われ、一七人が死亡。クチャでは公安局などが襲われ、容疑者ら一二人が死亡している。

そして、〇九年7月の騒乱は過去最大級のものになった。きっかけは、南部の広東省の玩具工場に出稼ぎに行っていたウイグル族が漢族といさかいになり、ウイグル族二人が死亡した事件だった。ウイグル族の男性が漢族の女性を暴行したとのうわさから乱闘になったとされる。

ウルムチでは、7月5日に事件に反発したウイグル族が抗議のデモを行い、ウイグル族と警官隊が衝突した。さらに、7日にはウルムチ市内で多数派の漢族が逆にウイグル族を襲う事態にもなった。当局は、死者一九七人（内訳は漢族一三七人、ウイグル族四六人など）と発表したが、亡命組織の「世界ウイグル会議」（本部・ドイツ）は死者は数千人と主張した。イタリアでの主要国首脳会議（G8）に出席する予定だった胡錦濤《こきんとう》国家主席は急きょ帰国し、事態に対処した。当局の危機意識を示すものだ。

漢族の流入が続く中で、双方の習慣や信仰への偏見と誤解から、ただでさえ摩擦が起きやすい状況に、グローバルな情報化と経済格差が加わり、人権と自由を求める民族運動は国境を越えて激化しやすくなっている。

ニュースの単語帳

蔵独《ツァントゥー》＝チベット独立

チベットは、中国語では「西蔵《シーツァン》」。中心都市のラサ（拉薩）がある地域はチベット語で「ツァン」と呼ばれ、「西方のツァン」という意味で、「西蔵」と呼ばれるようになった。最高指導者のダライ・ラマ（達頼喇嘛）は、チベット仏教の活仏で、ラマはチベット語で上人《しょうにん》の意味。

チベット独立の中国語の略称が「蔵独」だが、中国当局は「蔵独分子《フェンズ》」などのように、独立分子として非難して使うことが多い。ちなみに、「維吾爾族《ウェイウーアルツー》」＝ウイグル族の独立運動は、新疆ウイグル自治区からとって「彊独《チアントゥー》」。台湾独立運動なら「台独《タイトゥー》」になる。

ホワイトハウスの新しい住人になった。文字通り「白い宮殿」だ。大統領は「総統」(ツォントン)。外国人の名前には漢字の音をあてはめるので、オバマ大統領は「奥巴馬」(アオパーマー)、ミシェル夫人は「米歇爾」(ミーシエアル) となる。ファーストレディーはそのまま「第一夫人」(ティーイー フーレン) を使う。

六方会談 (リウファン ホイタン)〈6者協議〉

北朝鮮の核問題をめぐる6カ国の協議のこと。メンバーは議長国の中国と日本、米国、韓国、ロシア、北朝鮮からなる。「方」(ファン) は四角という意味から、場所や地方、方面や側などを表し、「我方」(ウォーファン) は我が方、「対方」(トイファン) は相手側、先方のことになる。英語では、Six-party talksと呼ばれている。日本の外務省は「六者会合」を使い、「6カ国協議」と呼んでいる日本のメディアもある。「協議」(シエイー) は、協議する、話し合うという動詞のほか、合意、取り決めを意味する名詞としても使う。

八国峰会 (パークオ フォンホイ)〈G8サミット〉

北海道洞爺湖で08年7月に開かれ、中国やインドも拡大会合の参加国として招かれた。英語のsummitは、山の頂上の意から転じて首脳会談のことを指すようになったので、中国語では「峰会」を使う。文字通り、頂上会談になるわけだ。Group of Eight (G8) を翻訳した「八国集団首脳会議」(パークオチートワン ショウナオ ホイイー) という言い方も使われる。

良い字が書かれた赤い袋にお小遣いを入れて子どもや年長者に渡す。もともとは年末に商店の主人が使用人にあげたご祝儀のことだったが、いまは会社のボーナスなどのこともいう。09年は景気振興のために「消費券」（シアオフェイチュワン）を紅包代わりに配った中国の地方政府もあった。

清明節（チンミンチエ）〈清明〉

二十四節気の一つ。冬至から数えて105日目。４月４日か５日になる。日本の彼岸にあたり、「掃墓」（サオムー）＝先祖の墓参りをしたり、「踏青」（ターチン）＝春の行楽に出かけたりする。長かった北京の冬も清明を過ぎるとようやく終わる。

情人節（チンレンチエ）〈バレンタインデー〉

「情人」（チンレン）は恋人や愛人のこと、「情書」（チンシュー）ならラブレターになる。中国では２月14日には女の子がチョコレートを、男の子がバラの花をお互いに贈って、おいしいディナーを一緒に食べるカップルも多くなった。「愛人」（アイレン）は、夫や妻、つまり夫婦の一方を指す言葉で、「我愛人」（ウォー アイレン）で私の夫（あるいは妻）になる。西洋風のファッションに対し、中国の伝統的な恋人の日には、１年に１度、織女と牽牛（けんぎゅう）が会う「七夕」（チーシー）があり、この日も「情人節」と呼ばれる。

白宮（パイコン）〈ホワイトハウス〉

09年１月、米国でバラク・オバマ氏が第44代大統領に就任し、

と発音が同じこともあって命名された。

恐怖（コンプー）〈テロ〉

北京五輪を前に南部の昆明（クンミン）でバスの爆破事件が起き、イスラム過激組織が犯行声明を出した。恐ろしい、残忍なという形容詞、恐怖、テロという名詞として使われる。テロリズムは「恐怖主義」（コンプー チューイー）、テロリストは「恐怖分子」（コンプー フェンズ）となる。中国政府は安全な五輪「平安奥運」（ピンアン アオユン）をめざして治安対策に懸命だった。

静坐（チンツオ）〈座り込み〉

08年5月の四川大地震で学校の校舎が倒壊して、子どもを失った父母たちが抗議の座り込みをした。親たちは役人と建設業者が結託した手抜き工事が原因だと怒った。抗議の手段は、「游行」（ユーシン）＝デモ、「上訪」（シャンファン）＝役所への陳情、「絶食」（チュエシー）＝ハンストなどへとエスカレートしていくこともある。ネット上では「暴動」（パオトン）の呼びかけとも読める過激なものまで出ていた。それだけ、親たちの怒りが大きいことの表れでもある。

春節（チュンチエ）〈旧正月〉

日本以外の東アジアや東南アジアでは、「農暦」（ノンリー）＝旧暦で正月を祝うところが多い。子どもが楽しみにするお年玉は「紅包」（ホンパオ）という。「福」（フー）など縁起の

国防白皮書（クオファン パイピーシュー）〈国防白書〉

中国政府は09年１月に、08年版の国防白書を発表した。白い表紙の文書、ホワイトペーパーのこと。青い表紙の青書なら、「藍皮書」（ランピーシュー）になる。２年ぶり６度目になる白書は、中国軍の統一された戦略思想として「富国」（フークオ）と「強軍」（チアンチュン）を、軍備の三つの原則としては、「自力更生」（ツーリー コンション）、「自主創新」（ツーチュー チョワンシン）、「改革開放」（カイコー カイファン）を改めて掲げている。その上で、経済はまだまだ発展途上にあり、軍拡競争に加わる意図はないという姿勢をアピールしようともしている。

核潜艇（ホーチエンティン）〈原子力潜水艦〉

創設60周年を迎えた中国海軍が、09年４月に原子力潜水艦を初めて公開した。原子力推進は「核動力」（ホートンリー）、潜水艦は「潜水艇」（チエンショイティン）という。戦略型は「夏」（シア）、攻撃型は「漢」（ハン）など、クラス分けには歴代王朝の名前を使っている。

太空行走（タイコン シンツォウ）〈宇宙遊泳〉

中国の有人宇宙船「神舟（シェンチョウ）７号」の飛行士が中国初の船外活動をした。「太空」は宇宙のことで、「太空人」（タイコンレン）は宇宙飛行士と宇宙人の両方に使える。宇宙飛行士は「航天員」（ハンティエンユワン）ともいう。「行走」は歩くという意味。神舟は、中国を指す古来の美称の「神州」

加油 (チアユー)〈がんばれ〉

北京五輪の会場では「加油！ 加油！」という応援の大合唱が聞こえてきた。文字通り、油を加える、給油するという意味で、「加油站」(チアユーチャン) はガソリンスタンドのこと。それが精を出す、がんばるという意味になった。ブーイングは「嘘」(シュイ) で、「ブー、ブー」ではなく「シュイ、シュイ」と言って不満を表す。ちなみに、火に油を注ぐは「火上加油」(フオシャン チアユー) となる。

残奥会 (ツァンアオホイ)〈パラリンピック〉

「残疾人奥林匹克運動会」(ツァンチーレン アオリンピーコーユントンホイ) の略称。「残疾人」は障害者、「奥林匹克」はオリンピックのこと。健常者は「健全人」(チエンチュワンレン) という。開催の理念は「超越 (チャオユエ)、融合 (ロンホー)、共享 (コンシアン)」で、限界に挑戦して五輪精神と中国の伝統的理念を融合し、障害者と健常者が権利を分かち合う意味が込められている。

全国人大 (チュワンクオ レンター)〈全国人民代表大会〉

中国の一院制国会にあたる。日本では「全人代」と略されるが、中国では「人民代表」(レンミン タイピアオ) の「大会」(ターホイ) ということから、「人大」(レンター) と略される。毎年３月は政治の季節で、同時期に国政の助言機関「全国政治協商会議」(政協＝チョンシエ) も開かれ、二つの会議を指して「両会」(リアンホイ) と呼んでいる。

ニュースの単語帳

奥林匹克（アオリンピーコー）〈オリンピック〉

五輪大会は中国語では「奥林匹克運動会」（アオリンピーコーユントンホイ）と表記し、「奥運会」（アオユンホイ）と略す。北京五輪は2008年８月８日午後８時に開幕した。８（パー）は中国人には縁起の良い数字として人気がある。中国は2000年にも開催地として立候補したが、1989年の天安門事件の影響もあって、オーストラリアのシドニーに譲った経緯がある。今回は、開催を前にしてチベット問題が大きな影を投げかけることになった。国際オリンピック委員会（国際奥委会＝クオチー アオウェイホイ、IOC）のロゲ会長は問題の平和的な解決を求めた。

金牌（チンパイ）〈金メダル〉

牌（パイ）は、①カード、札、②ブランド、商標、③メダル、プレートなどの意味。紙牌（チーパイ）ならトランプ、骨牌（クーパイ）ならドミノになる。金牌、銀牌（インパイ）、銅牌（トンパイ）の３種類をまとめて、「奨牌」（チアンパイ）＝表彰メダルという。北京五輪のメダルは、表が金属でギリシャの勝利の女神と競技場が描かれ、裏は中国古代の祭器、「玉璧」（ユイピー）をかたどり、北京五輪のロゴをあしらっている。中国では、中華文明と五輪精神が合体したものとして、「中西合璧」（チョンシー ホーピー）といわれた。

	10・24、中国、月探査衛星「嫦娥1号」の打ち上げに成功。
	12・1、07年度分円借款、最後の463億円についての書簡を交換。
2008	3・14、チベット・ラサで仏教僧らによるデモと報道。
	3・22、台湾総統選、国民党の馬英九当選。
	5・12、四川省でM8.0の大地震発生、死者・行方不明8万6千人超。
	8・8、北京オリンピック開幕(～24)。
	9・25、有人宇宙船「神舟7号」、初の船外活動に成功。
2009	7・5、新疆・ウルムチでのウイグル族によるデモで死傷者。

9・11、米国で民間機を使っての同時多発テロ。

10・7、米英軍、アフガニスタン攻撃開始。

12・11、中国、ＷＴＯ加盟。

2002 1・1、台湾、ＷＴＯ加盟。

2・21、ブッシュ米大統領、訪中。

5・4、ロシア軍、カムラン湾軍事基地のベトナム返還完了。

10・22、江沢民・国家主席、訪米。

12・17、米国、ミサイル防衛配備を発表。

12・31、上海リニア鉄道開通。

2003 1・10、北朝鮮、核不拡散条約（ＮＰＴ）脱退を宣言。

3・15、全人代、胡錦濤を国家主席、温家宝を首相に選出。

3・20、米英軍、イラク攻撃を開始（イラク戦争）。

6・6、日本で武力攻撃事態法はじめ有事３法成立。

8・27、北朝鮮核問題をめぐる６者協議の第１回会合（議長は中国の武大偉・外務次官）

10・15、中国、米ソに次ぎ有人宇宙飛行に成功（「神舟５号」）。

2004 3・24、中国人活動家、尖閣諸島に上陸。

8・7、サッカー・アジア杯決勝（北京）で観客が日本チームに激しいブーイング、試合後に騒乱。

9・19、胡錦濤総書記、党中央軍事委員会主席に就任。

11・10、中国原子力潜水艦、沖縄・先島沖の日本領海で潜没航行。日本、海上警備行動発令。

2005 3・15、日中外相電話会談で、日本、円借款の終了方針伝達。

4・9、日本の国連安保理常任理事国入りに反発し、北京の日本大使館前などで大規模な対日抗議デモ、上海などでも。

10・29、日米安全保障協議委員会、「日米同盟：未来のための変革と再編」を発表。

2006 7・5、北朝鮮、７発の弾道ミサイル発射。

10・9、北朝鮮、地下核実験実施を発表。

10・14、国連安保理、北朝鮮制裁決議を全会一致で採択。

2007 2・13、北京での６者協議、北朝鮮核問題解決のための合意文書「初期段階の措置」を採択。

9・2、中国、国連軍備登録制度への復帰と国連軍事支出報告制度への参加を表明。

10・５、中国、地下核実験。

1994 １・27、中国・モンゴル・ロシア国境明確化協定に調印。

12・12、上海の地下鉄１号線開通。三峡ダム着工。

1995 ５・17、中国、ダライ・ラマ14世によるパンチェン・ラマ後継者の指名を認めず。

８・15、村山富市首相、戦後50年の「声明」で、過去の侵略と植民地支配を謝罪。

1996 ３・８、中国軍、台湾周辺で軍事演習。

３・23、台湾初の総統直接選挙で李登輝当選。

７・18、中国、日本の政治団体による尖閣諸島への灯台設置に抗議。

10・30、王丹に政府転覆陰謀罪で懲役11年の判決。

1997 ２・19、鄧小平、死去。

７・１、香港、英国より返還、香港特別行政区となる。

10・29、米中共同声明、首脳間ホットラインの設置合意。

1998 ６・10、日中両共産党、関係正常化に合意。

10・５、中国、政治的権利保障の国際人権Ｂ規約に署名。

11・25、江沢民・国家主席、来日。

1999 ４・25、北京中心部で気功集団「法輪功」１万人が合法化求め座り込み（７・22、非合法化し、幹部を逮捕）。

５・７、ＮＡＴＯ軍機、ベオグラードの中国大使館誤爆（７・30、その補償について米中合意）。

11・15、米中、中国のＷＴＯ加盟で合意。

12・20、マカオ、ポルトガルより返還。

2000 ３・18、台湾総統選、民進党の陳水扁が当選。

６・４，香港で天安門事件記念の４万人集会。

６・14、新疆で「国家分裂罪」により５人処刑。

９・19、米国、対中最恵国待遇恒久化法を可決。

2001 １・15、北朝鮮の金正日総書記、非公式に訪中。

４・１、米中軍用機、南シナ海上空で接触事故。

６・15、中、ロ、中央アジア4カ国で「上海協力機構」創設。

７・１、中国共産党創立80年記念大会。

７・16、中ロ善隣友好協力条約調印
９・３、江沢民・国家主席、訪朝。

1989	1・7、昭和天皇裕仁、死去。平成と改元。
	2・23、銭其琛外相来日、大喪の礼参列。
	3・5、ラサで独立運動、胡錦濤チベット党書記、戒厳令を実施。
	4・12、李鵬首相来日。天皇、過去の日中関係に「遺憾」表明。
	4・15、胡耀邦、死去。17、天安門広場で、胡追悼と民主化要求の学生デモ始まる。5・17、北京で100万人の民主化要求デモ。
	5・20、北京市に戒厳令。
	6・4、天安門広場、民主化運動武力鎮圧（第二次天安門事件）。
	6・23、中共中央、趙紫陽総書記解任、後任に江沢民。
	10・5、ダライ・ラマ14世、ノーベル平和賞受賞。
	11・6、鄧小平、党中央軍事委主席を辞任、後任に江沢民。
1990	1・11、北京市の戒厳令解除。
	4・5、新疆で東トルキスタン共和国再興をめざす蜂起。
	4・23、李鵬首相、訪ソ。
	5・1、チベット・ラサの戒厳令解除。
	8・2、イラク、クウェートに侵攻。
	12・19、上海に新中国初めての証券取引所開設。
1991	1・17、米英軍、イラク攻撃開始（湾岸戦争、～4・11）
	5・14、江青、北京で自殺。
	11・5、中越両党、関係正常化を宣言。
	12・25、ゴルバチョフ大統領、辞任表明。ソ連邦消滅。
1992	1・18～2・21、鄧小平、改革・開放推進のため広東省など訪問（南巡講話）。
	4・6，江沢民総書記、訪日。
	8・24、中国と韓国、国交樹立。
	10・12～18、中共第14回党大会、社会主義市場経済論を提起。
	10・23、天皇、皇后、訪中。
1993	2・17、天安門事件の王丹ら仮釈放。
	3・15～31、全人代、憲法に社会主義市場経済を明記。
	3・22、江沢民、国家主席に就任。

革に理論上の決着をつける。華国鋒、党主席を辞任、後任に胡耀邦。

1982 5・31、趙紫陽首相、来日。

6・30、『人民日報』、日本の歴史教科書検定を批判。

9・8、中国政府、教科書問題での日本政府の見解を評価(後に検定基準に「近隣諸国条項」が加えられる)。

10・7、中国、初の潜水艦発射ミサイル実験に成功。

1983 4・10、ソ連との国境貿易議定書に20年ぶりに調印。

6・10、廖承志・中日友好協会会長、死去。

11・23、胡耀邦総書記、来日。

1984 4・8、中国、実験用通信衛星打ち上げに成功。

4・26、レーガン米大統領、訪中、原子力平和利用協定に調印。

9・24、日中青年友好交流事業により、日本人青年3000人が訪中。

12・18、サッチャー英首相が訪中。19、1997年香港返還についての中英共同声明調印。

1985 8・15、中曽根康弘首相、首相として戦後初の靖国神社参拝。

8・15、南京大虐殺記念館、南京に開館。

9・18、北京で靖国参拝問題を機に反日学生デモ起こる。

1986 1・11、海南島沖で、初の米中海軍合同演習。

9・28、台湾の民主進歩党が結党。

10・20、胡耀邦総書記、政治改革案の断行発言。

10・30、北京に、初の「株式会社」設立。

12・5、中国科学技術大(安徽省)学生の民主化要求デモ、全国に波及、鄧小平、弾圧を指示。

1987 1・16、中共政治局拡大会議、学生デモの件で胡耀邦総書記の引責辞任と趙紫陽の代行を決定。

7・15、台湾で戒厳令解除。

9・27、チベット・ラサで独立要求デモ。

1988 1・13、台湾の蒋経国総統、死去。後任に台湾出身の李登輝。

3・25～4・13、全人代で楊尚昆国家主席、鄧小平中央軍事委主席、李鵬首相らを選出。

8・25、竹下登首相訪中、日中投資保護協定調印。

来、鄧小平攻撃）
4・20、日中航空協定調印。11・13、海運協定調印。
1975 1・8、鄧小平、党副主席就任。
4・5、台湾の蔣介石総統、死去。
4・30、サイゴン陥落、ベトナム戦争終結。
1976 1・8、周恩来首相、死去。
4・5、天安門広場の周恩来追悼の民衆を弾圧（第一次天安門事件）。
4・7、鄧小平、一切の職務を剥奪され、失脚。
7・6、朱徳、死去。
9・9、毛沢東党主席、死去。
10・6、４人組（江青、張春橋、姚文元、王洪文）逮捕。華国鋒、党主席就任。
1977 7・16、鄧小平、党副主席として復活。
8・12～18、中共第11回党大会、文革終了を宣言。
1978 1・26、中国、人工衛星の回収に成功。
2・26、全人代、経済発展10ヵ年計画と新憲法採択。
3・21、蔣経国、台湾の総統に当選。
8・12、日中平和友好条約調印（10・23、発効）。
10・22、鄧小平副首相、来日。
12・18～22、中共11期３中全会、「改革・開放」政策に着手。
12・25、ベトナム軍、カンボジア侵攻。
1979 1・1　米中国交正常化。
1・28、鄧小平、訪米。
2・17、中国軍20万人、ベトナムに侵攻。
4・3、中国、中ソ友好同盟相互援助条約廃棄をソ連に通告。
7・15、中国、経済特区設定。
12・5～9、大平正芳首相、訪中。第一次対中円借款供与表明。
12・6、日中文化交流協定調印。
1980 2・23、劉少奇、名誉回復。胡耀邦、総書記に就任。
5・18、中国、初のＩＣＢＭ発射実験に成功。
1981 1・25、最高人民法院、江青らに執行延期付きの死刑判決。
6・27～29、中共11期６中全会、「歴史問題決議」を採択。文

1967 2・5、上海の造反派、上海コミューン設立を宣言。

6・17、中国、水爆実験に成功。

8・22、紅衛兵、北京の英国大使館を焼き討ち。

1968 7・24、中共中央、武闘の禁止令。紅衛兵運動統制。

8・23、中国、チェコスロバキアに侵攻して「プラハの春」を押しつぶしたソ連を「社会帝国主義」と非難。

10・13〜31、中共中央、元国家主席の劉少奇を永久除名。

1969 3・2、国境線をめぐりウスリー川の珍宝島(ソ連名ダマンスキー島)で中ソ武力衝突。

4・14、中共、林彪を毛沢東の後継者とする新党規約を採択。

7・8、黒竜江(アムール川)の八岔島(ゴルジンスキー島)で中ソ両軍衝突。

10・11、歴史学者の呉晗、文革で迫害を受け獄死。

11・12、劉少奇、文革の迫害により病死。

1970 4・19、日中覚書貿易会議コミュニケと貿易取決調印。

4・24、中国、初の人工衛星打ち上げ。

10・13、中国、カナダと国交樹立、11・6はイタリアと。

1971 4・10、米の卓球チーム訪中。米国、対中貿易制限など緩和(ピンポン外交)

7・9、キッシンジャー米大統領補佐官、極秘に訪中(〜7・11)。ニクソン大統領の訪中で周恩来首相と合意。

8・15、ニクソン大統領、金・ドル交換の停止によるドル防衛策を発表(ニクソン・ショック)

9・13、林彪、モンゴルで墜落死(林彪事件)。

10・25、国連総会、中華人民共和国の国連代表権を承認、中華民国の追放を可決、国府、国連脱退を声明。

1972 2・21、ニクソン大統領、中国訪問。

9・25、田中角栄首相、訪中。

9・29、共同声明で日中国交正常化。

1973 1・27、パリでベトナム和平協定調印。

4・12、鄧小平復活、副首相に就任。

8・7、『人民日報』に孔子批判の論文掲載。

1974 1・5、日中貿易協定調印。

2・2、『人民日報』、批林批孔を呼びかける(江青らの周恩

7・16、ソ連、中国派遣の専門家1390人の本国召還を通告。

9・17、モスクワで中ソ共産党会議開催（中国代表、鄧小平）。

1961 1・1、呉晗の歴史劇『海瑞免官』発表。

3・15～23、中共中央工作会議、農村人民公社工作条例決定。

5・16、韓国で朴正煕ら軍事クーデタで政権を奪取。

1962 1・11～2・7、中共拡大中央工作会議。毛沢東、「大躍進」失敗で自己批判。

10・20、中印（中国・インド）国境で武力衝突。

11・9、日中長期総合貿易に関する覚書調印（L・T貿易覚書（L＝廖承志、T＝高碕達之助）。

1963 2・20、『人民日報』、中ソ対立をめぐるソ連・各国共産党の論争の掲載を開始（公開論争激化）。

8・5、米英ソ、部分的核実験禁止条約（大気圏内、水中での核実験を禁止）調印。31、中国、条約反対を表明。

1964 7・3、中共中央、彭真が組長の文化革命5人小組設立。

8・2、米国防総省、米駆逐艦が北ベトナム魚雷艇に攻撃されたと発表（トンキン湾事件）。

10・16、中国、原爆実験に成功。

1965 人民解放軍、『毛主席語録』刊行。

2・7、米軍、北ベトナムのタンホイ基地を爆撃（北爆開始）。

6・22、日韓基本条約調印（日韓国交正常化）。

9・9、「チベット自治区」設立。

11・10、姚文元、「新編歴史劇『海瑞免官』を評す」を発表。これが「文化大革命」の発端となる。

1966 5・16、中央政治局会議、文革の綱領的文書「5・16通知」を採択。

5・28、陳伯達、江青らの中央文化革命小組成立。

5・29、清華大付属中に初めて紅衛兵が出現。

6・1、北京大学党組織を攻撃した聶元梓らの大字報公表。

8・1、中共中央、「プロレタリア文化大革命に関する決定」採択。5、毛沢東、「司令部を砲撃せよ　私の大字報」を書く。18、毛沢東、紅衛兵を第1回接見。

8・24、高名な作家の老舎、紅衛兵の攻撃を受け自殺。

10・27、中国、ミサイル発射実験に成功。

	10・26、中国軍、チベットのラサに進駐。
1952	4・28、対日講和条約、日米安保条約発効。同日、中華民国（台湾）との間で日華平和条約調印。
1953	1・30、文学者・胡風を批判する論文発表。
	2・15、中共中央、農業生産の互助・協同化決議を採択。
	5・15、中ソ経済援助協定調印。
	7・27、朝鮮戦争休戦協定調印（板門店）。
	11・22、中国・北朝鮮、経済援助協定調印。
1954	8・1、朱徳・人民解放軍総司令、台湾解放を声明。
	9・3、人民解放軍、金門、馬祖への砲撃開始。
	9・20、中華人民共和国憲法を採択、公布。
	9・27、国家主席に毛沢東を選出。
1955	5・13、『人民日報』に胡風批判論文掲載。
	10・4、中共、「農業集団化問題に関する決議」採択。
1956	1・28、国務院、漢字簡略化案を公布。
	4・28、毛沢東、芸術の「百花斉放」、学術の「百家争鳴」を提唱。
	10・19、日ソ国交回復共同宣言に調印。
1957	6・3、日本の岸信介首相、アジア6カ国歴訪の途上、台湾で蔣介石と会談、国府の大陸反攻に同感と言明。
	6・8、『人民日報』社説でブルジョア思想批判、反右派闘争始まる。
1958	5・23、中共、社会主義建設の総路線・大躍進を決定。
	8・23、人民解放軍、金門・馬祖への砲撃を再開。
1959	3・10、チベットのラサで反乱。
	3・12、ダライ・ラマ14世、チベットの独立を宣言、反中国暴動拡大。中国軍、ラサを占領、ダライ・ラマ、亡命。
	7・13、彭徳懐国防相、「大躍進」批判の意見書提出、毛沢東、反論。9・17、彭徳懐解任。林彪、新国防相に。
1960	4・19、ソウルで学生・市民の李承晩政権打倒の大デモ（4・19革命。李はハワイへ出国）。
	4・22、『紅旗』、「レーニン主義万歳」を発表。中ソ論争、表面化する。
	6・19、日米新安保条約、大デモ包囲の中、自然成立。

中国の現代史＝略年表

1945	8・14、日本政府、ポツダム宣言受諾を決定、15、天皇、ラジオで「降伏」を国民に知らせる。
	8・28、中国国民政府（以下、国府と略）と中国共産党（以下、中共と略）、重慶（戦時首都）で会談開始。
1946	5・1、国府、南京に還都。
	5・3、ソ連軍、東北（満州）から撤退完了。
	7・20、中共、国府軍に対する自衛戦争指示（国共内戦が本格化）。
	11・3、日本国憲法公布。
1947	1・1、中華民国（国府）憲法公布。
	2・28、台湾で国府軍に対する民衆反乱（2・28事件）。
	9・12、中共、「人民解放軍総反攻宣言」を発表。
1948	7・3、米華（国府）経済援助双務協定調印。
	8・15、大韓民国、樹立。
	9・9、朝鮮民主主義人民共和国、樹立。
	9・12、人民解放軍（中共軍）遼瀋会戦で国府軍を破る。
1949	4・20、国府、中共の和平協定案を拒否、和平会談決裂。
	5・27、人民解放軍、上海占領。
	10・1、中華人民共和国、樹立。2、ソ連が承認。
	10・14、人民解放軍、広州占領。
	12・8、国府、台北への遷都を決定。
1950	1・6、英国、中国の新政府を承認。
	2・14、モスクワで中ソ友好同盟相互援助条約調印。
	6・25、朝鮮戦争勃発。28、北朝鮮軍、ソウル攻略。
	9・15、米軍主体の国連軍、仁川に上陸、反攻へ。
	10・8、中国人民志願軍結成、19、鴨緑江を越える。
1951	1・4、朝中連合軍、再度ソウルを攻略。
	5・23、中央と地方政府の間でチベットの平和的解放に関する協定調印。
	7・10、朝鮮戦争の休戦会談、開城で始まる（後、板門店に）。
	9・8、サンフランシスコ講和条約、日米安保条約調印。

■参考文献

天児慧、石原享一、朱建栄、辻康吾、菱田雅晴、村田雄二郎編『岩波　現代中国事典』岩波書店、一九九九年
石井米雄、高谷好一、前田成文、土屋健治、池端雪浦監修『新訂増補　東南アジアを知る事典』平凡社、一九九九年
呉密察監修、横澤泰夫編訳『台湾史小事典』中国書店、二〇〇七年
竹内実、21世紀中国総研編『必読　日中国交文献集』蒼蒼社、二〇〇五年
中共中央毛沢東選集出版委員会編『毛沢東選集』(第一〜四巻) 外文出版社(北京)、大安、一九六八年
同『毛沢東選集』(第五巻) 外文出版社(北京)、東方書店、一九七七年
中国人民解放軍総政治部編『毛主席語録』内部発行(杭州)、一九六六年
外文出版社(北京)編訳『毛主席語録』中華書店、一九六六年
毛沢東、竹内実訳『毛沢東語録』平凡社、一九九五年
中共中央文献研究室編『周恩来年譜　一九四九—一九七六』中央文献出版社(北京)、一九九七年
中共中央マルクス　エンゲルス　レーニン　スターリン著作編訳局訳『鄧小平文選　一九七五〜一九八二』東方書店、一九八三年
中国研究所編『中国年鑑2009』毎日新聞社、二〇〇九年
陳東林、苗棣、李丹慧編、加々美光行監修、徳澄雅彦監訳『中国文化大革命事典』中国書店、一九九七年
『日中関係基本資料集　1972年—2008年』霞山会、二〇〇八年

*

朝日新聞取材班『歴史は生きている　東アジアの近現代がわかる10のテーマ』朝日新聞出版、二〇〇八年
家近亮子、松田康博、段瑞聡編著『岐路に立つ日中関係—過去との対話・未来への模索—』晃洋書房、二〇〇七年
家近亮子、唐亮、松田康博編著『5分野から読み解く現代中国—歴史・政治・経済・社会・外交—』晃洋書房、二〇〇五年
石井明、朱建栄、添谷芳秀、林暁光編『記録と考証　日中国交正常化・日中平和友好条約締結交渉』岩波書店、二〇〇三年
宇佐美暁編『図解　世界を揺るがす中国の軍事力』東洋経済新報社、二〇〇六年
尾形勇、岸本美緒編『新版世界各国史3　中国史』山川出版社、一九九八年
加々美光行『中国の民族問題—危機の本質』岩波書店、二〇〇八年
川島真、清水麗、松田康博、楊永明『日台関係史　1945—2008』東京大学出版会、二〇〇九年
時事通信社政治部編『ドキュメント　日中復交』時事通信社、一九七二年
銭其琛、濱本良一訳『銭其琛回顧録—中国外交20年の証言』東洋書院、二〇〇六年
竹田純一『人民解放軍』ビジネス社、二〇〇八年
陳凱歌、刈間文俊訳『私の紅衛兵時代—ある映画監督の青春』講談社、二〇〇六年
毛利和子『日中関係　戦後から新時代へ』岩波書店、二〇〇六年
毛利和子、毛利興三郎訳『ニクソン訪中機密会談録』名古屋大学出版会、二〇〇一年
楊継縄『墓碑—中国六十年代大飢荒紀実　第六版（修訂本）』天地図書（香港）、二〇〇九年
劉傑、三谷博、楊大慶編『国境を越える歴史認識—日中対話の試み』東京大学出版会、二〇〇六年
若林正丈『台湾の政治　中華民国台湾化の戦後史』東京大学出版会、二〇〇八年

ある日の北京・人民劇場の舞台——梅（蘭芳）派の名女優、杜近芳さんが演じた京劇「穆桂英掛帥」。宋代の女傑、穆桂英（ぼく・けいえい）の軍記物で、彼女が舞台の袖から出て流し目を送ると、劇場は拍手に包まれ、「好（ハオ）！」の掛け声が飛んだ。私も学生時代に、花束を持って楽屋に押しかけたことがある。　（1990年6月12日、護国寺の人民劇場にて、田村撮影）

あとがき

「日本人の中国への悪感情は、中国の近現代史を知らないからですね。中国の苦難の歴史を知れば、中国への見方はきっと変わるはずですよ」

久しぶりに再会した高文研の梅田正己さんの熱のこもった言葉に背中を押されて、出来上がったのが本書である。梅田さんには三〇のキーワードと中国現代史の詳しい年表も用意していただいた。お礼を申し上げます。

というわけで、本の枠組みは出来上がったが、肝心の三〇のテーマはどれも重くて、筆がなかなか進まないというのが正直なところだった。

北京で慣れ親しんだ京劇流に、「三国志演義」ならぬ「共和国演義」が書ければ、それにこしたことはないのだがと、「人民劇場」の舞台を思い描いてみた。

白塗りの悪役、曹操には毛沢東が似合うだろうか。いや、「覇王別姫」の項羽の方がいいかもしれない。真っ赤な顔の関羽が陣太鼓とともに勇壮に飛び出してくる。これは朱徳元帥か、彭徳懐元帥か。名軍師、諸葛孔明が飄々と登場して歌い出す。こちらは周恩来首相か。憤死する呉の知将、周瑜将軍は胡耀邦総書記か。あでやかな女形にも出てもらわないといけない……。

閑話休題。これでは編集者の注文には応えられない。せめて、大学生の娘に少しでも分かってもらえるようにと、本書の企画の初心に帰った。

分かりやすさを心がけたつもりだが、筆の至らないところは筆者の能力不足のせいである。ご容赦願いたい。

最後に、数ある類書の中から、本書に目を通していただいた読者の皆さんに改めて感謝します。

二〇〇九年八月一五日

田村宏嗣

田村宏嗣（たむら・ひろつぐ）
1955年、東京都に生まれる。79年、東京大学教養学部卒業。78～81年、北京大学歴史学系留学。82年、朝日新聞社入社。特派員として北京、シンガポール、台北に駐在。
現在、編集局外交・国際グループ記者。
編訳書『アジアから日本を見つめて』、共著書『シンガポールの風刺漫画家が描く　アジア各国事情』（いずれも高文研）

キーワード30で読む　中国の現代史
●二〇〇九年一〇月一日――――第一刷発行
著　者／田村宏嗣
発行所／株式会社高文研
東京都千代田区猿楽町二－一－八
三恵ビル（〒一〇一＝〇〇六四）
電話　０３＝３２９５＝３４１５
振替　００１６０＝６＝１８９５６
http://www.koubunken.co.jp
組版／株式会社ＷｅｂＤ（ウェブ・ディー）
印刷・製本／シナノ印刷株式会社

ISBN978-4-87498-429-1　C0036